BEI GRIN MACHT SICH IHR WISSEN BEZAHLT

Friedrich von Schiller

Deutsche Klassiker

Band 18

Kabale und Liebe - Ein bürgerliches Trauerspiel

Schul-Edition

GRIN Verlag

Bibliografische Information der Deutschen Nationalbibliothek:

Die Deutsche Bibliothek verzeichnet diese Publikation in der Deutschen National-bibliografie; detaillierte bibliografische Daten sind im Internet über http://dnb.d-nb.de/ abrufbar.

Impressum:

Copyright © 2008 GRIN Verlag GmbH
Druck und Bindung: Books on Demand GmbH, Norderstedt Germany
ISBN: 978-3-640-16794-4

Dieses Buch bei GRIN:

http://www.grin.com/de/e-book/115549/kabale-und-liebe-ein-buergerliches-trauer-spiel

GRIN - Your knowledge has value

Der GRIN Verlag publiziert seit 1998 wissenschaftliche Arbeiten von Studenten, Hochschullehrern und anderen Akademikern als eBook und gedrucktes Buch. Die Verlagswebsite www.grin.com ist die ideale Plattform zur Veröffentlichung von Hausarbeiten, Abschlussarbeiten, wissenschaftlichen Aufsätzen, Dissertationen und Fachbüchern.

Besuchen Sie uns im Internet:

http://www.grin.com/

http://www.facebook.com/grincom

http://www.twitter.com/grin_com

Schulversion

Friedrich von Schiller

KABALE und LIEBE

Ein bürgerliches Trauerspiel

PERSONEN

PRÄSIDENT VON WALTER, am Hof eines deutschen Fürsten

FERDINAND, sein Sohn, Major

HOFMARSCHALL VON KALB

LADY MILFORD, Favoritin des Fürsten

WURM, Haussekretär des Fürsten

MILLER, Stadtmusikant oder, wie man sie an einigen Orten nennt, Kunstpfeiffer

DESSEN FRAU

LUISE, dessen Tochter

SOPHIE, Kammerjungfer der Lady

Ein Kammerdiener des Fürsten

Verschiedene Nebenpersonen.

Erster Akt

ERSTE SZENE

Zimmer beim Musikus.

MILLER steht eben vom Sessel auf und stellt seine Violoncell auf die
5 Seite. An einem Tisch sitzt FRAU MILLERIN noch im Nachtgewand
und trinkt ihren Kaffee.

MILLER (schnell auf- und abgehend): Einmal für alle Mal. Der
Handel wird ernsthaft. Meine Tochter kommt mit dem Baron ins
Geschrei. Mein Haus wird verrufen. Der Präsident bekommt Wind,
10 und – kurz und gut, ich biete dem Junker aus.

FRAU: Du hast ihn nicht in dein Haus geschwatzt – hast ihm deine
Tochter nicht nachgeworfen.

MILLER: Hab ihn nicht in mein Haus geschwatzt – hab ihm's Mädel
nicht nachgeworfen; wer nimmt Notiz davon? – Ich war Herr im
15 Haus. Ich hätt meine Tochter mehr coram nehmen sollen. Ich hätt dem
Major besser auftrumpfen sollen – oder hätt gleich alles Seiner
Exzellenz dem Herrn Papa stecken sollen. Der junge Baron bringt's
mit einem Wischer hinaus, das muss ich wissen, und alles Wetter
kommt über den Geiger.

20 FRAU (schlürft eine Tasse aus): Possen! Geschwätz! Was kann über
dich kommen? Wer kann dir was anhaben? Du gehst deiner Profession
nach und raffst Scholaren zusammen, wo sie zu kriegen sind.

MILLER: Aber, sag mir doch, was wird bei dem ganzen Kommerz
auch herauskommen? – Nehmen kann er das Mädel nicht – Vom
25 Nehmen ist gar die Rede nicht, und zu einer dass Gott erbarm? –
Guten Morgen! – Gelt, wenn so ein Musje von sich da und dort, und
dort und hier schon herumbeholfen hat, wenn er, der Henker weiß als
was? gelöst hat, schmeckt's meinem guten Schlucker freilich, einmal
auf süß Wasser zu graben. Gib du Acht! gib du Acht! und wenn du
30 aus jedem Astloch ein Auge strecktest und vor jedem Blutstropfen
Schildwache ständest, er wird sie, dir auf der Nase, beschwatzen, dem
Mädel eins hinsetzen und führt sich ab, und das Mädel ist
verschimpfiert auf ihr Leben lang, bleibt sitzen, oder hat's Handwerk
verschmeckt, treibt's fort. (Die Hand vor der Stirn.) Jesus Christus!

35 FRAU: Gott behüt' uns in Gnaden!

MILLER: Es hat sich zu behüten. Worauf kann so ein Windfuß wohl
sonst sein Absehen richten? – Das Mädel ist schön – schlank – führt
seinen netten Fuß. Unterm Dach mag's aussehen, wie's will. Darüber
guckt man bei euch Weibsleuten weg, wenn's nur der liebe Gott
40 parterre nicht hat fehlen lassen – Stöbert mein Springinsfeld erst noch
dieses Kapital aus – he da! geht ihm ein Licht auf, wie meinem
Rodney, wenn er die Witterung eines Franzosen kriegt, und nun
müssen alle Segel dran, und drauflos, und – ich verdenk's ihm gar
nicht. Mensch ist Mensch. Das muss ich wissen.

3

FRAU: Solltest nur die wunderhübsche Billeter auch lesen, die der gnädige Herr an deine Tochter als schreiben tut. Guter Gott! da sieht man's ja sonnenklar, wie es ihm pur um ihre schöne Seele zu tun ist.

MILLER: Das ist die rechte Höhe! Auf den Sack schlägt man; den Esel meint man. Wer einen Gruß an das liebe Fleisch zu bestellen hat, darf nur das gute Herz Boten gehen lassen. Wie hab ich's gemacht? Hat man's nur erst so weit im Reinen, dass die Gemüter topp machen, wutsch! nehmen die Körper ein Exempel; das Gesind macht's der Herrschaft nach, und der silberne Mond ist am End nur der Kuppler gewesen.

FRAU: Sieh doch nur erst die prächtigen Bücher an, die der Herr Major ins Haus geschafft haben. Deine Tochter betet auch immer draus.

MILLER (pfeift): Hui da! Betet! Du hast den Witz davon. Die rohen Kraftbrühen der Natur sind Ihro Gnaden zartem Makronenmagen noch zu hart. – Er muss sie erst in der höllischen Pestilenzküche der Bellatristen künstlich aufkochen lassen. Ins Feuer mit dem Quark. Da saugt mir das Mädel – weiß Gott, was als für? – überhimmlische Alfanzereien ein, das läuft dann wie spanische Mucken ins Blut und wirft mir die Handvoll Christentum noch gar auseinander, die der Vater mit knapper Not so so noch zusammenhielt. Ins Feuer, sag ich. Das Mädel setzt sich alles Teufelsgezeug in den Kopf; über all dem Herumschwänzen in der Schlaraffenwelt findet's zuletzt seine Heimath nicht mehr, vergisst, schämt sich, daß sein Vater Miller der Geiger ist, und verschlägt mir am End einen wackern ehrbaren Schwiegersohn, der sich so warm in meine Kundschaft hineingesetzt hätte – – Nein! Gott verdamm mich! (Er springt auf, hitzig.) Gleich muss die Pastete auf den Herd, und dem Major – ja ja, dem Major will ich weisen, wo Meister Zimmermann das Loch gemacht hat. (Er will fort.)

FRAU: Sei artig, Miller. Wie manchen schönen Groschen haben uns nur die Präsenter – –

MILLER (kommt zurück und bleibt vor ihr stehen): Das Blutgeld meiner Tochter? – Schier dich zum Satan, infame Kupplerin! – Eh will ich mit meiner Geig auf den Bettel herumziehen und das Konzert um was Warmes geben – eh' will ich mein Violoncello zerschlagen und Mist im Sonanzboden führen, eh ich mir's schmecken lass von dem Geld, das mein einziges Kind mit Seel und Seligkeit abverdient. – Stell den vermaledeiten Kaffee ein und das Tobakschnupfen, so brauchst du deiner Tochter Gesicht nicht zu Markt zu treiben. Ich hab mich satt gefressen und immer ein gutes Hemd auf dem Leib gehabt, eh so ein vertrackter Tausendsasa in meine Stube geschmeckt hat.

FRAU: Nur nicht gleich mit der Tür ins Haus. Wie du doch den Augenblick in Feuer und Flammen stehst! Ich sprech ja nur, man müss' den Herrn Major nicht disguschtüren, weil Sie des Präsidenten Sohn sind.

MILLER: Da liegt der Has im Pfeffer. Darum, just eben darum muss die Sach noch heut auseinander. Der Präsident muss es mir Dank

wissen, wenn er ein rechtschaffener Vater ist. Du wirst mir meinen roten plüschenen Rock ausbürsten, und ich werde mich bei Seiner Exzellenz anmelden lassen. Ich werde sprechen zu seiner Exzellenz: Dero Herr Sohn haben ein Aug auf meine Tochter; meine Tochter ist
5   zu schlecht zu Dero Herrn Sohnes Frau, aber zu Dero Herrn Sohnes Hure ist meine Tochter zu kostbar, und damit basta! - Ich heiße Miller.

ZWEITE SZENE

Sekretär Wurm. Die Vorigen.

FRAU: Ah guten Morgen, Herr Sekertare! Hat man auch einmal
10 wieder das Vergnügen von Ihnen?

WURM: Meinerseits, meinerseits, Frau Base. Wo eine Kavaliersgnade einspricht, kommt mein bürgerliches Vergnügen in gar keine Rechnung.

FRAU: Was Sie nicht sagen, Herr Sekertare! Des Herrn Majors von
15 Walter hohe Gnaden machen uns wohl je und je das Bläsier, doch verachten wir darum niemand.

MILLER (verdrüsslich): Dem Herrn einen Sessel, Frau. Wollens ablegen, Herr Landsmann?

WURM (legt Hut und Stock weg, setzt sich): Nun! Nun! und wie
20 befindet sich denn meine Zukünftige – oder Gewesene? – Ich will doch nicht hoffen – kriegt man sie nicht zu sehen – Mamsell Luisen?

FRAU: Danken der Nachfrage, Herr Sekertare. Aber meine Tochter ist doch gar nicht hochmütig.

MILLER (ärgerlich, stößt sie mit dem Ellenbogen): Weib!

25 FRAU: Bedauern's nur, dass sie die Ehre nicht haben kann vom Herrn Sekertare. Sie ist eben in der Mess, meine Tochter.

WURM: Das freut mich, freut mich. Ich werd einmal eine fromme, christliche Frau an ihr haben.

FRAU (lächelt dumm-vornehm): Ja – aber, Herr Sekertare –

30 MILLER (in sichtbarer Verlegenheit, kneipt sie in die Ohren): Weib!

FRAU: Wenn Ihnen unser Haus sonst irgendwo dienen kann – Mit allem Vergnügen, Herr Sekertare –

WURM (macht falsche Augen): Sonst irgendwo! Schönen Dank! Schönen Dank! – Hem! hem! hem!

35 FRAU: Aber – wie der Herr Sekertare selber die Einsicht werden haben –

MILLER (voll Zorn seine Frau vor den Hintern stoßend): Weib!

FRAU: Gut ist gut, und besser ist besser, und einem einzigen Kind mag man doch auch nicht vor seinem Glück sein. (Bäurisch-stolz.) Sie
40 werden mich je doch wohl merken, Herr Sekertare?

Wurm (rückt unruhig im Sessel, kratzt hinter den Ohren und zupft an Manschetten und Jabot): Merken? Nicht doch – O ja – Wie meinen Sie denn?

5 FRAU: Nu – nu – ich dächte nur – ich meine, (hustet) weil eben halt der liebe Gott meine Tochter barrdu zur gnädigen Madam will haben –

WURM (fährt vom Stuhl): Was sagen Sie da? Was?

MILLER: Bleiben sitzen! Bleiben sitzen, Herr Secretarius. Das Weib ist eine alberne Gans. Wo soll eine gnädige Madam herkommen? Was 10 für ein Esel streckt sein Langohr aus diesem Geschwätze?

FRAU: Schmäl du, so lang du willst. Was ich weiß, weiß ich – und was der Herr Major gesagt hat, das hat er gesagt.

MILLER (aufgebracht, springt nach der Geige): Willst du dein Maul halten? Willst du das Violoncello am Hirnkasten wissen? – Was 15 kannst du wissen? Was kann er gesagt haben? – Kehren sich an das Geklatsch nicht, Herr Vetter – Marsch du, in deine Küche – Werden mich doch nicht für des Dummkopfs leiblichen Schwager halten, daß ich obenaus woll mit dem Mädel? Werden doch das nicht von mir denken, Herr Secretarius?

20 WURM: Auch hab' ich es nicht um Sie verdient, Herr Musikmeister. Sie haben mich jederzeit den Mann von Wort sehen lassen, und meine Ansprüche auf Ihre Tochter waren so gut als unterschrieben. Ich habe ein Amt, das seinen guten Haushälter nähren kann, der Präsident ist mir gewogen, an Empfehlungen kann's nicht fehlen, wenn ich mich 25 höher poussieren will. Sie sehen, dass meine Absichten auf Mamsell Luisen ernsthaft sind, wenn Sie vielleicht von einem adeligen Windbeutel herumgeholt – –

FRAU: Herr Sekertare Wurm! Mehr Respekt, wenn man bitten darf –

MILLER: Halt du dein Maul, sag ich – Lassen Sie es gut sein, Herr 30 Vetter. Es bleibt beim Alten. Was ich Ihnen verwichenen Herbst zum Bescheid gab, bring ich heut wieder. Ich zwinge meine Tochter nicht. Stehen Sie ihr an – wohl und gut, so mag sie zusehen, wie sie glücklich mit Ihnen wird. Schüttelt sie den Kopf – noch besser – in Gottes Namen wollt' ich sagen – – so stecken Sie den Korb ein und 35 trinken eine Bouteille mit dem Vater – Das Mädel muss mit Ihnen leben – ich nicht – warum soll ich ihr einen Mann, den sie nicht schmecken kann, aus purem klarem Eigensinn an den Hals werfen? – Dass mich der böse Feind in meinen eisgrauen Tagen noch wie sein Wildbret herumhetze – dass ich's in jedem Glas Wein zu saufen – in 40 jeder Suppe zu fressen kriege: Du bist der Spitzbube, der sein Kind ruiniert hat!

FRAU: Und kurz und gut – ich geb meinen Konsens absolut nicht; meine Tochter ist zu was Hohem gemünzt, und ich lauf in die Gerichte, wenn mein Mann sich beschwatzen lässt.

45 MILLER: Willst du Arm und Bein entzwei haben, Wettermaul?

6

WURM (zu Millern): Ein väterlicher Rat vermag bei der Tochter viel, und hoffentlich werden Sie mich kennen, Herr Miller?

MILLER: Dass dich alle Hagel! 's Mädel muss Sie kennen. Was ich alter Knasterbart an Ihnen abgucke, ist just kein Fressen fürs junge
5 naschhafte Mädel. Ich will Ihnen aufs Haar hin sagen, ob Sie ein Mann fürs Orchester sind – aber eine Weiberseel ist auch für einen Kapellmeister zu spitzig. – Und dann von der Brust weg, Herr Vetter - ich bin halt ein plumper gerader deutscher Kerl – für meinen Rat würden Sie sich zuletzt wenig bedanken. Ich rate meiner Tochter zu
10 keinem – aber Sie missrat ich meiner Tochter, Herr Secretarius. Lassen mich ausreden. Einem Liebhaber, der den Vater zu Hilfe ruft, trau ich – erlauben Sie – keine hohle Haselnuss zu. Ist er was, so wird er sich schämen, seine Talente durch diesen altmodischen Kanal vor seine Liebste zu bringen – Hat er's Courage nicht, so ist er ein
15 Hasenfuß, und für den sind keine Luisen gewachsen – – Da! hinter dem Rücken des Vaters muss er sein Gewerb an die Tochter bestellen. Machen muss er, dass das Mädel lieber Vater und Mutter zum Teufel wünscht, als ihn fahren lässt, – oder selber kommt, dem Vater zu Füßen sich wirft und sich um Gotteswillen den schwarzen gelben Tod
20 oder den Herzeinigen ausbittet. – Das nenn ich einen Kerl! das heißt lieben! – und wer's bei dem Weibsvolk nicht so weit bringt, der soll – – auf seinem Gänsekiel reiten.

WURM (greift nach Hut und Stock und zum Zimmer hinaus): Obligation, Herr Miller.

25 MILLER (geht ihm langsam nach): Für was? Für was? Haben Sie ja doch nichts genossen, Herr Secretarius. (Zurückkommend.) Nichts hört er und hin zieht er – – Ist mir's doch wie Gift und Operment, wenn ich den Federfuchser zu Gesichte krieg. Ein konfiszierter widriger Kerl, als hätt ihn irgend ein Schleichhändler in die Welt
30 meines Herrgotts hineingeschachert – Die kleinen tückischen Mausaugen – die Haare brandrot – das Kinn herausgequollen, gerade als wenn die Natur für purem Gift über das verhunzte Stück Arbeit meinen Schlingel da angefasst und in irgend eine Ecke geworfen hätte – Nein! eh ich meine Tochter an so einen Schuft wegwerfe, lieber soll
35 sie mir – Gott verzeih mir's –

FRAU (spuckt aus, giftig): Der Hund! – aber man wird dir's Maul sauber halten.

MILLER: Du aber auch mit deinem pestilenzialischen Junker – Hast mich vorhin auch so in Harnisch gebracht - Bist doch nie dümmer, als
40 wenn du um Gotteswillen gescheit sein solltest. Was hat das Geträtsch von einer gnädigen Madam und deiner Tochter da vorstellen sollen? Das ist mir der Alte. Dem muss man so was an die Nase heften, wenn's morgen am Marktbrunnen ausgeschellt sein soll. Das ist just so ein Musje, wie sie in der Leute Häusern herumriechen, über Keller
45 und Koch räsonnieren, und springt einem ein nasenweises Wort übers Maul – Bumps! haben's Fürst und Matress und Präsident, und du hast das siedende Donnerwetter am Halse.

DRITTE SZENE

Luise Millerin kommt, ein Buch in der Hand. Vorige.

LUISE (legt das Buch nieder, geht zu Millern und drückt ihm die Hand): Guten Morgen, lieber Vater.

5 MILLER (warm): Brav, meine Luise – Freut mich, dass du so fleißig an deinen Schöpfer denkst. Bleib immer so, und sein Arm wird dich halten.

LUISE: O ich bin eine schwere Sünderin, Vater – War er da, Mutter?

FRAU: Wer, mein Kind?

10 LUISE: Ah! ich vergaß, dass es noch außer ihm Menschen gibt – Mein Kopf ist so wüste – Er war nicht da? Walter?

MILLER (traurig und ernsthaft): Ich dachte, meine Luise hätte den Namen in der Kirche gelassen?

LUISE (nachdem sie ihn eine Zeitlang starr angesehen): Ich versteh
15 ihn, Vater – fühle das Messer, das Er in mein Gewissen stößt; aber es kommt zu spät. – Ich hab keine Andacht mehr, Vater – der Himmel und Ferdinand reißen an meiner blutenden Seele, und ich fürchte – ich fürchte – (Nach einer Pause.) Doch nein, guter Vater. Wenn wir ihn über dem Gemälde vernachlässigen, findet sich ja der Künstler am
20 feinsten gelobt. – Wenn meine Freude über sein Meisterstück mich ihn selbst übersehen macht, Vater, muss das Gott nicht ergötzen?

MILLER (wirft sich unmutig in den Stuhl): Da haben wir's! Das ist die Frucht von dem gottlosen Lesen.

LUISE (tritt unruhig an ein Fenster): Wo er wohl jetzt ist? – Die
25 vornehmen Fräulein, die ihn sehen – ihn hören – – ich bin ein schlechtes vergessenes Mädchen. (Erschrickt an dem Wort und stürzt ihrem Vater zu.) Doch nein, nein! verzeih Er mir. Ich beweine mein Schicksal nicht. Ich will ja nur wenig – – an ihn denken – das kostet ja nichts. Dies bisschen Leben – dürft ich es hinhauchen in ein leises
30 schmeichelndes Lüftchen, sein Gesicht abzukühlen! – Dies Blümchen Jugend – wär es ein Veilchen, und er träte drauf, und es dürfte bescheiden unter ihm sterben! – Damit genügte mir, Vater. Wenn die Mücke in ihren Strahlen sich sonnt – kann sie das strafen, die stolze majestätische Sonne?

35 MILLER (beugt sich gerührt an die Lehne des Stuhls und bedeckt das Gesicht): Höre, Luise – das bissel Bodensatz meiner Jahre, ich gäb es hin, hättest du den Major nie gesehen.

LUISE (erschrocken): Was sagt Er da? Was? – Nein! er meint es anders, der gute Vater. Er wird nicht wissen, dass Ferdinand mein ist,
40 mir geschaffen, mir zur Freude vom Vater der Liebenden. (Sie steht nachdenkend.) Als ich ihn das erste Mal sah – (rascher) und mir das Blut in die Wangen stieg, froher jagten alle Pulse, jede Wallung sprach, jeder Atem lispelte: er ist's! - und mein Herz den Immermangelnden erkannte, bekräftigte, Er ist's, - und wie das

widerklang durch die ganze mitfreuende Welt. Damals - o damals ging in meiner Seele der erste Morgen auf. Tausend junge Gefühle schossen aus meinem Herzen, wie die Blumen aus dem Erdreich, wenn's Frühling wird. Ich sah keine Welt mehr, und doch besinn' ich
5 mich, dass sie niemals so schön war. Ich wusste von keinem Gott mehr, und doch hatt' ich ihn nie so geliebt.

MILLER (eilt auf sie zu, drückt sie wider seine Brust): Luise – teures – herrliches Kind – Nimm meinen alten mürben Kopf – nimm alles – alles! – den Major – Gott ist mein Zeuge – ich kann dir ihn nimmer
10 geben. (Er geht ab.)

LUISE: Auch will ich ihn ja jetzt nicht, mein Vater. Dieser karge Tautropfe Zeit – schon ein Traum von Ferdinand trinkt ihn wollüstig auf. Ich entsag ihm für dieses Leben. Dann, Mutter – dann, wenn die Schranken des Unterschieds einstürzen – wenn von uns abspringen all
15 die verhassten Hülsen des Standes – Menschen nur Menschen sind – Ich bringe nichts mit mir als meine Unschuld, aber der Vater hat ja so oft gesagt, dass der Schmuck und die prächtigen Titel wohlfeil werden, wenn Gott kommt, und die Herzen im Preise steigen. Ich werde dann reich sein. Dort rechnet man Tränen für Triumphe und
20 schöne Gedanken für Ahnen an. Ich werde dann vornehm sein, Mutter – Was hätte er dann noch für seinem Mädchen voraus?

FRAU (fährt in die Höhe): Luise! der Major! Er springt über die Planke. Wo verberg ich mich doch?

LUISE (fängt an zu zittern): Bleib Sie doch, Mutter.

25 FRAU: Mein Gott! Wie seh ich aus! ich muss mich ja schämen. Ich darf mich nicht vor Seiner Gnaden so sehen lassen. (Ab.)

VIERTE SZENE

Ferdinand von Walter. Luise.

Er fliegt auf sie zu – sie sinkt entfärbt und matt auf einen Sessel – er
30 bleibt vor ihr stehn – sie sehen sich eine Zeit lang stillschweigend an. Pause.

FERDINAND: Du bist blass, Luise?

LUISE (steht auf und fällt ihm um den Hals): Es ist nichts. nichts. Du bist ja da. Es ist vorüber.

35 FERDINAND (ihre Hand nehmend und zum Munde führend): Und liebt mich meine Luise noch? Mein Herz ist das gestrige, ist's auch das deine noch? Ich fliege nur her, will sehn, ob du heiter bist, und gehn und es auch sein – Du bist's nicht.

LUISE: Doch, doch, mein Geliebter.

40 FERDINAND: Rede mir Wahrheit. Du bist's nicht. Ich schaue durch deine Seele wie durch das klare Wasser dieses Brillanten. (Er zeigt auf seinen Ring.) Hier wirft sich kein Bläschen auf, das ich nicht merkte – kein Gedanke tritt in dies Angesicht, der mir entwischte. Was hast du?

9

Geschwind! Weiß ich nur diesen Spiegel helle, so läuft keine Wolke über die Welt. Was bekümmert dich?

LUISE (sieht ihn eine Weile stumm und bedeutend an, dann mit Wehmut): Ferdinand! Ferdinand! Dass du doch wüsstest, wie schön in dieser Sprache das bürgerliche Mädchen sich ausnimmt –

FERDINAND: Was ist das? (Befremdet.) Mädchen! Höre! wie kommst du auf das? – Du bist meine Luise! Wer sagt dir, dass du noch etwas sein solltest? Siehst du, Falsche, auf welchem Kaltsinn ich dir begegnen muss. Wärest du ganz nur Liebe für mich, wann hättest du Zeit gehabt, eine Vergleichung zu machen? Wenn ich bei dir bin, zerschmilzt meine Vernunft in einen Blick – in einen Traum von dir, wenn ich weg bin, und du hast noch eine Klugheit neben deiner Liebe? - Schäme dich! Jeder Augenblick, den du an diesen Kummer verlorst, war deinem Jüngling gestohlen.

LUISE (fasst seine Hand, indem sie den Kopf schüttelt): Du willst mich einschläfern, Ferdinand – willst meine Augen von diesem Abgrund hinweglocken, in den ich ganz gewiss stürzen muss. Ich seh in die Zukunft – die Stimme des Ruhms – die Entwürfe – dein Vater – mein Nichts. (Erschrickt und lässt plötzlich seine Hand fahren.) Ferdinand! ein Dolch über dir und mir! – Man trennt uns!

FERDINAND: Trennt uns! (Er springt auf.) Woher bringst du diese Ahndung, Luise? Trennt uns? – Wer kann den Bund zwoer Herzen lösen oder die Töne eines Akkords auseinander reißen? – Ich bin ein Edelmann – Lass doch sehen, ob mein Adelbrief älter ist als der Riss zum unendlichen Weltall? oder mein Wappen gültiger als die Handschrift des Himmels in Luisens Augen: Dieses Weib ist für diesen Mann? – Ich bin des Präsidenten Sohn. Eben darum. Wer als die Liebe kann mir die Flüche versüßen, die mir der Landeswucher meines Vaters vermachen wird?

LUISE: O wie sehr fürcht ich ihn – diesen Vater!

FERDINAND: Ich fürchte nichts – nichts – als die Grenzen deiner Liebe. Lass auch Hindernisse wie Gebürge zwischen uns treten, ich will sie für Treppen nehmen und drüber hin in Luisens Arme fliegen. Die Stürme des widrigen Schicksals sollen meine Empfindung emporblasen, Gefahren werden meine Luise nur reizender machen. – Also nichts mehr von Furcht, meine Liebe. Ich selbst – ich will über dir wachen wie der Zauberdrach über unterirdischem Golde – Mir vertraue dich. Du brauchst keinen Engel mehr – Ich will mich zwischen dich und das Schicksal werfen – empfangen für dich jede Wunde – auffassen für dich jeden Tropfen aus dem Becher der Freude - dir ihn bringen in die Schale der Liebe. (Sie zärtlich umfassend.) An diesem Arm soll meine Luise durchs Leben hüpfen, schöner als er dich von sich ließ, soll der Himmel dich wiederhaben und mit Verwunderung eingestehn, dass nur die Liebe die letzte Hand an die Seelen legte –

LUISE (drückt ihn von sich, in großer Bewegung): Nichts mehr! Ich bitte dich, schweig! – Wüsstest du – Lass mich – du weißt nicht, dass deine Hoffnungen mein Herz wie Furien anfallen. (Will fort.)

FERDINAND (hält sie auf): Luise? Wie! Was! Welche Anwandlung?

LUISE: Ich hatte diese Träume vergessen und war glücklich – Jetzt!
Jetzt! von heut an – der Friede meines Lebens ist aus – Wilde
Wünsche – ich weiß es – werden in meinem Busen rasen. – Geh –
5 Gott vergebe dir's – Du hast den Feuerbrand in mein junges
friedsames Herz geworfen, und er wird nimmer, nimmer gelöscht
werden. (Sie stürzt hinaus. Er folgt ihr sprachlos nach.)

FÜNFTE SZENE

Saal beim Präsidenten.

10 Der Präsident, ein Ordenskreuz um den Hals, einen Stern an der Seite,
und Sekretär Wurm treten auf.

PRÄSIDENT: Ein ernsthaftes Attachement! Mein Sohn? – Nein,
Wurm, das macht Er mich nimmermehr glauben.

WURM: Ihro Exzellenz haben die Gnade, mir den Beweis zu
15 befehlen.

PRÄSIDENT: Dass er der Bürgercanaille den Hof macht – Flatterien
sagt – auch meinetwegen Empfindungen vorplaudert – Das sind lauter
Sachen, die ich möglich finde – verzeihlich finde – aber – und noch
gar die Tochter eines Musikus, sagt Er?

20 WURM: Musikmeister Millers Tochter.

PRÄSIDENT: Hübsch? – Zwar das versteht sich.

WURM (lebhaft): Das schönste Exemplar einer Blondine, die, nicht
zu viel gesagt, neben den ersten Schönheiten des Hofes noch Figur
machen würde.

25 PRÄSIDENT (lacht): Er sagt mir, Wurm – Er habe ein Aug auf das
Ding – das find ich. Aber sieht Er, mein lieber Wurm – dass mein
Sohn Gefühl für das Frauenzimmer hat, macht mir Hoffnung, dass ihn
die Damen nicht hassen werden. Er kann bei Hof etwas durchsetzen.
Das Mädchen ist schön, sagt Er; das gefällt mir an meinem Sohn, daß
30 er Geschmack hat. Spiegelt er der Närrin solide Absichten vor? Noch
besser – so seh ich, dass er Witz genug hat, in seinen Beutel zu lügen.
Er kann Präsident werden. Setzt er es noch dazu durch? Herrlich! das
zeigt mir an, daß er Glück hat. – Schließt sich die Farce mit einem
gesunden Enkel – Unvergleichlich! so trink ich auf die guten
35 Aspekten meines Stammbaums eine Bouteille Malaga mehr und
bezahle die Skortationsstrafe für seine Dirne.

WURM: Alles, was ich wünsche, Ihr' Exzellenz, ist, daß Sie nicht
nötig haben möchten, diese Bouteille zu Ihrer Zerstreuung zu trinken.

'PRÄSIDENT (ernsthaft): Wurm, besinn Er sich, dass ich, wenn ich
40 einmal glaube, hartnäckig glaube, rase, wenn ich zürne – Ich will
einen Spaß daraus machen, dass Er mich aufhetzen wollte. Dass Er
sich seinen Nebenbuhler gern vom Hals geschafft hätte, glaub ich Ihm
herzlich gern. Da Er meinen Sohn bei dem Mädchen auszustechen
Mühe haben möchte, soll Ihm der Vater zur Fliegenklatsche dienen,

das find ich wieder begreiflich – und dass er einen so herrlichen Ansatz zum Schelmen hat, entzückt mich sogar – Nur, mein lieber Wurm, muss Er mich nicht mitprellen wollen. – Nur, versteht Er mich, muss Er den Pfiff nicht bis zum Einbruch in meine Grundsätze
5 treiben.

WURM: Ihro Exzellenz verzeihen. Wenn auch wirklich – wie Sie argwohnen – die Eifersucht hier im Spiel sein sollte, so wäre sie es wenigstens nur mit den Augen und nicht mit der Zunge.

PRÄSIDENT: Und ich dächte, sie bliebe ganz weg. Dummer Teufel,
10 was verschlägt es denn Ihm, ob Er die Karolin frisch aus der Münze oder vom Bankier bekommt. Tröst Er sich mit dem hiesigen Adel; – Wissentlich oder nicht – bei uns wird selten eine Mariage geschlossen, wo nicht wenigstens ein halb Dutzend der Gäste – oder der Aufwärter – das Paradies des Bräutigams geometrisch ermessen kann.

15 WURM (verbeugt sich): Ich mache hier gern den Bürgersmann, gnädiger Herr.

PRÄSIDENT: Überdies kann Er mit nächstem die Freude haben, seinem Nebenbuhler den Spott auf die schönste Art heimzugeben. Eben jetzt liegt der Anschlag im Kabinett, dass, auf die Ankunft der
20 neuen Herzogin, Lady Milford zum Schein den Abschied erhalten und, den Betrug vollkommen zu machen, eine Verbindung eingehen soll. Er weiß, Wurm, wie sehr sich mein Ansehen auf den Einfluss der Lady stützt – wie überhaupt meine mächtigsten Springfedern in die Wallungen des Fürsten hineinspielen. Der Herzog sucht eine Partie für
25 die Milford. Ein anderer kann sich melden – den Kauf schließen, mit der Dame das Vertrauen des Fürsten anreißen, sich ihm unentbehrlich machen. – Damit nun der Fürst im Netz meiner Familie bleibe, soll mein Ferdinand die Milford heuraten – Ist Ihm das helle?

WURM: Dass mich die Augen beißen – – Wenigstens bewies der
30 Präsident hier, dass der Vater nur ein Anfänger gegen ihn ist. Wenn der Major Ihnen ebenso den gehorsamen Sohn zeigt, als Sie ihm den zärtlichen Vater, so dörfte Ihre Anforderung mit Protest zurückkommen.

PRÄSIDENT: Zum Glück war mir noch nie für die Ausführung eines
35 Entwurfes bang, wo ich mich mit einem: Es soll so sein! einstellen konnte. – Aber seh Er nun, Wurm, das hat uns wieder auf den vorigen Punkt geleitet. Ich kündige meinem Sohn noch diesen Vormittag seine Vermählung an. Das Gesicht, das er mir zeigen wird, soll Seinen Argwohn entweder rechtfertigen oder ganz widerlegen.

40 WURM: Gnädiger Herr, ich bitte sehr um Vergebung. Das finstre Gesicht, das er Ihnen ganz zuverlässig zeigt, lässt sich ebenso gut auf die Rechnung der Braut schreiben, die Sie ihm zuführen, als derjenigen, die Sie ihm nehmen. Ich ersuche Sie um eine schärfere Probe. Wählen Sie ihm die untadeligste Partie im Land, und sagt er ja,
45 so lassen Sie den Sekretär Wurm drei Jahre Kugeln schleifen.

PRÄSIDENT (beißt die Lippen): Teufel!

12

WURM: Es ist nicht anders. Die Mutter – die Dummheit selbst – hat mir in der Einfalt zu viel geplaudert.

PRÄSIDENT (geht auf und nieder, presst seinen Zorn zurück): Gut! Diesen Morgen noch.

5 WURM: Nur vergessen Euer Exzellenz nicht, dass der Major – der Sohn meines Herrn ist.

PRÄSIDENT: Er soll geschont werden, Wurm.

WURM: Und dass der Dienst, Ihnen von einer unwillkommenen Schwiegertochter zu helfen –

10 PRÄSIDENT: Den Gegendienst wert ist, Ihm zu einer Frau zu helfen? – Auch das, Wurm.

WURM (bückt sich vergnügt): Ewig der Ihrige, gnädiger Herr. (Er will gehen.)

PRÄSIDENT: Was ich Ihm vorhin vertraut habe, Wurm! (Drohend.)
15 Wenn Er plaudert –

WURM (lacht): So zeigen Ihr' Exzellenz meine falschen Handschriften auf. (Er geht ab.)

PRÄSIDENT: Zwar bist du mir gewiss. Ich halte dich an deiner eigenen Schurkerei, wie den Schröter am Faden!

20 EIN KAMMERDIENER (tritt herein): Hofmarschall von Kalb –

PRÄSIDENT: Kommt wie gerufen. – Er soll mir angenehm sein. (Kammerdiener geht.)

SECHSTE SZENE

Hofmarschall von Kalb, in einem reichen, aber geschmacklosen
25 Hofkleid, mit Kammerherrnschlüsseln, zwei Uhren und einem Degen, Chapeaubas und frisiert à la Hérisson. Er fliegt mit großem Gekreisch auf den Präsidenten zu und breitet einen Bisamgeruch über das ganze Parterre. Präsident.

HOFMARSCHALL (ihn umarmend): Ah guten Morgen, mein Bester!
30 Wie geruht? Wie geschlafen? – Sie verzeihen doch, dass ich so spät das Vergnügen habe – dringende Geschäfte – der Küchenzettel – Visitenbillets – das Arrangement der Partien auf die heutige Schlittenfahrt – Ah – und dann musst' ich ja auch bei dem Lever zugegen sein und Seiner Durchleucht das Wetter verkündigen.

35 PRÄSIDENT: Ja, Marschall. Da haben Sie freilich nicht abkommen können.

HOFMARSCHALL: Obendrein hat mich ein Schelm von Schneider noch sitzen lassen.

PRÄSIDENT: Und doch fix und fertig?

40 HOFMARSCHALL: Das ist noch nicht alles. – Ein Malheur jagt heut das andere. Hören Sie nur.

PRÄSIDENT (zerstreut): Ist das möglich?

HOFMARSCHALL: Hören Sie nur. Ich steige kaum aus dem Wagen, so werden die Hengste scheu, stampfen und schlagen aus, dass mir – ich bitte Sie! – der Gassenkot über und über an die Beinkleider sprützt. Was anzufangen? Setzen Sie sich um Gotteswillen in meine Lage, Baron. Da stand ich. Spät war es. Eine Tagreise ist es – und in dem Aufzug vor Seine Durchleucht! Gott der Gerechte! – Was fällt mir bei? Ich fingiere eine Ohnmacht. Man bringt mich über Hals und Kopf in die Kutsche. Ich in voller Karriere nach Haus – wechsle die Kleider – fahre zurück – Was sagen Sie? – und bin noch der erste in der Antichamber – Was denken Sie?

PRÄSIDENT: Ein herrliches Impromptu des menschlichen Witzes – Doch das beiseite, Kalb – Sie sprachen also schon mit dem Herzog?

HOFMARSCHALL (wichtig): Zwanzig Minuten und eine halbe.

PRÄSIDENT: Das gesteh ich! – und wissen mir also ohne Zweifel eine wichtige Neuigkeit?

HOFMARSCHALL (ernsthaft, nach einigem Stillschweigen): Seine Durchleucht haben heute einen Merde d'Oye Biber an.

PRÄSIDENT: Man denke! – Nein, Marschall, so hab ich doch eine bessere Zeitung für Sie – dass Lady Milford Majorin von Walter wird, ist Ihnen gewiss etwas Neues?

HOFMARSCHALL: Denken Sie! – Und das ist schon richtig gemacht?

PRÄSIDENT: Unterschrieben, Marschall – und Sie verbinden mich, wenn Sie ohne Aufschub dahin gehen, die Lady auf seinen Besuch präparieren und den Entschluss meines Ferdinands in der ganzen Residenz bekannt machen.

HOFMARSCHALL (entzückt): O mit tausend Freuden, mein Bester – Was kann mir erwünschter kommen? – Ich fliege sogleich – (Umarmt ihn.) Leben Sie wohl – in drei Viertelstunden weiß es die ganze Stadt. (Hüpft hinaus.)

PRÄSIDENT (lacht dem Marschall nach): Man sage noch, dass diese Geschöpfe in der Welt zu nichts taugen – – Nun muss ja mein Ferdinand wollen, oder die ganze Stadt hat gelogen. (Klingelt – Wurm kommt.) Mein Sohn soll hereinkommen. (Wurm geht ab. Der Präsident auf und nieder, gedankenvoll.)

SIEBENTE SZENE

Ferdinand. Der Präsident. Wurm, welcher gleich abgeht.

FERDINAND: Sie haben befohlen, gnädiger Herr Vater –

PRÄSIDENT: Leider muss ich das, wenn ich meines Sohns einmal froh werden will – Lass Er uns allein, Wurm. – Ferdinand, ich beobachte dich schon eine Zeit lang und finde die offene rasche Jugend nicht mehr, die mich sonst so entzückt hat. Ein seltsamer

Gram brütet auf deinem Gesicht – Du fliehst mich – du fliehst deine Zirkel – Pfui! – Deinen Jahren verzeiht man zehn Ausschweifungen vor einer einzigen Grille. Überlass diese mir, lieber Sohn. Mich lass an deinem Glück arbeiten, und denke auf nichts, als in meine
5 Entwürfe zu spielen. – Komm! umarme mich, Ferdinand!

FERDINAND: Sie sind heute sehr gnädig, mein Vater.

PRÄSIDENT: Heute, du Schalk – und dieses Heute noch mit der herben Grimasse? (Ernsthaft.) Ferdinand! – Wem zu lieb hab ich die gefährliche Bahn zum Herzen des Fürsten betreten? Wem zu lieb bin
10 ich auf ewig mit meinem Gewissen und dem Himmel zerfallen? – Höre, Ferdinand – (Ich spreche mit meinem Sohn) – Wem hab ich durch die Hinwegräumung meines Vorgängers Platz gemacht – eine Geschichte, die desto blutiger in mein Inwendiges schneidet, je sorgfältiger ich das Messer der Welt verberge. Höre. Sage mir,
15 Ferdinand: Wem tat ich dies alles?

FERDINAND (tritt mit Schrecken zurück): Doch mir nicht, mein Vater? Doch auf mich soll der blutige Widerschein dieses Frevels nicht fallen? Beim allmächtigen Gott! es ist besser, gar nicht geboren zu sein, als dieser Missetat zur Ausrede dienen.

20 PRÄSIDENT: Was war das? Was? Doch! ich will es dem Romanenkopfe zu gut halten – Ferdinand – ich will mich nicht erhitzen, vorlauter Knabe – Lohnst du mir also für meine schlaflosen Nächte? Also für meine rastlose Sorge? Also für den ewigen Skorpion meines Gewissens? – Auf mich fällt die Last der Verantwortung – auf
25 mich der Fluch, der Donner des Richters – Du empfängst dein Glück von der zweiten Hand – das Verbrechen klebt nicht am Erbe.

FERDINAND (streckt die rechte Hand gen Himmel): Feierlich entsag ich hier einem Erbe, das mich nur an einen abscheulichen Vater erinnert.

30 PRÄSIDENT: Höre, junger Mensch, bringe mich nicht auf. – Wenn es nach deinem Kopf ginge, du kröchest dein Leben lang im Staube.

FERDINAND: Oh, immer noch besser, Vater, als ich kröch um den Thron herum.

PRÄSIDENT (verbeißt seinen Zorn): Hum! – Zwingen muss man
35 dich, dein Glück zu erkennen. Wo zehn andre mit aller Anstrengung nicht hinaufklimmen, wirst du spielend, im Schlafe gehoben. Du bist im zwölften Jahre Fähndrich. Im zwanzigsten Major. Ich hab es durchgesetzt beim Fürsten. Du wirst die Uniform ausziehen und in das Ministerium eintreten. Der Fürst sprach vom Geheimenrat –
40 Gesandtschaften – außerordentlichen Gnaden. Eine herrliche Aussicht dehnt sich vor dir. – Die ebene Straße zunächst nach dem Throne – zum Throne selbst, wenn anders die Gewalt so viel wert ist als ihr Zeichen – das begeistert dich nicht?

FERDINAND: Weil meine Begriffe von Größe und Glück nicht ganz
45 die Ihrigen sind – Ihre Glückseligkeit macht sich nur selten anders als durch Verderben bekannt. Neid, Furcht, Verwünschung sind die traurigen Spiegel, worin sich die Hoheit eines Herrschers belächelt. –

15

Tränen, Flüche, Verzweiflung die entsetzliche Mahlzeit, woran diese
gepriesenen Glücklichen schwelgen, von der sie betrunken aufstehen
und so in die Ewigkeit vor den Thron Gottes taumeln – Mein Ideal
von Glück zieht sich genügsamer in mich selbst zurück. In meinem
5   Herzen liegen alle meine Wünsche begraben. –

PRÄSIDENT: Meisterhaft! Unverbesserlich! Herrlich! Nach dreißig
Jahren die erste Vorlesung wieder! – Schade nur, dass mein
fünfzigjähriger Kopf zu zäh für das Lernen ist! – Doch – dies seltne
Talent nicht einrosten zu lassen, will ich dir jemand an die Seite
10   geben, bei dem du dich in dieser buntscheckigen Tollheit nach
Wunsch exerzieren kannst. – Du wirst dich entschließen – noch heute
entschließen – eine Frau zu nehmen.

FERDINAND (tritt bestürzt zurück): Mein Vater?

PRÄSIDENT: Ohne Komplimente – Ich habe der Lady Milford in
15   deinem Namen eine Karte geschickt. Du wirst dich ohne Aufschub
bequemen, dahin zu gehen und ihr zu sagen, dass du ihr Bräutigam
bist.

FERDINAND: Der Milford, mein Vater?

PRÄSIDENT: Wenn sie dir bekannt ist –

20   FERDINAND (außer Fassung): Welcher Schandsäule im Herzogtum
ist sie das nicht! – Aber ich bin wohl lächerlich, lieber Vater, dass ich
Ihre Laune für Ernst aufnehme? Würden Sie Vater zu dem Schurken
Sohn sein wollen, der eine privilegierte Buhlerin heuratete?

PRÄSIDENT: Noch mehr. Ich würde selbst um sie werben, wenn sie
25   einen Fünfziger möchte – Würdest du zu dem Schurken Vater nicht
Sohn sein wollen?

FERDINAND: Nein! So wahr Gott lebt!

PRÄSIDENT: Eine Frechheit, bei meiner Ehre! die ich ihrer
Seltenheit wegen vergebe –

30   FERDINAND: Ich bitte Sie, Vater! lassen Sie mich nicht länger in
einer Vermutung, wo es mir unerträglich wird, mich Ihren Sohn zu
nennen.

PRÄSIDENT: Junge, bist du toll? Welcher Mensch von Vernunft
würde nicht nach der Distinktion geizen, mit seinem Landesherrn an
35   einem dritten Orte zu wechseln?

FERDINAND: Sie werden mir zum Rätsel, mein Vater. Distinktion
nennen Sie es – Distinktion, da mit dem Fürsten zu teilen, wo er auch
unter den Menschen hinunterkriecht?

PRÄSIDENT (schlägt ein Gelächter auf).

40   FERDINAND: Sie können lachen – und ich will über das
hinweggehen, Vater. Mit welchem Gesicht soll ich unter den
schlechtesten Handwerker treten, der mit seiner Frau wenigstens doch
einen ganzen Körper zum Mitgift bekommt? Mit welchem Gesicht vor
die Welt? Vor den Fürsten? Mit welchem vor die Buhlerin selbst, die
45   den Brandflecken ihrer Ehre in meiner Schande auswaschen würde?

16

PRÄSIDENT: Wo in aller Welt bringst du das Maul her, Junge?

FERDINAND: Ich beschwöre Sie bei Himmel und Erde! Vater, Sie können durch diese Hinwerfung Ihres einzigen Sohnes so glücklich nicht werden, als Sie ihn unglücklich machen. Ich gebe Ihnen mein
5 Leben, wenn das Sie steigen machen kann. Mein Leben hab ich von Ihnen; ich werde keinen Augenblick anstehen, es ganz Ihrer Größe zu opfern. – Meine Ehre, Vater – wenn Sie mir diese nehmen, so war es ein leichtfertiges Schelmenstück, mir das Leben zu geben, und ich muss den Vater wie den Kuppler verfluchen.

10 PRÄSIDENT (freundlich, indem er ihn auf die Achsel klopft): Brav, lieber Sohn. Jetzt seh ich, dass du ein ganzer Kerl bist und der besten Frau im Herzogtum würdig. – Sie soll dir werden – noch diesen Mittag wirst du dich mit der Gräfin von Ostheim verloben.

FERDINAND (aufs Neue betreten): Ist diese Stunde bestimmt, mich
15 ganz zu zerschmettern?

PRÄSIDENT (einen lauernden Blick auf ihn werfend): Wo doch hoffentlich deine Ehre nichts einwenden wird?

FERDINAND: Nein, mein Vater. Friederike von Ostheim könnte jeden andern zum Glücklichsten machen. (Vor sich in höchster
20 Verwirrung.) Was seine Bosheit an seinem Herzen noch ganz ließ, zerreißt seine Güte.

PRÄSIDENT (noch immer kein Aug von ihm wendend): Ich warte auf deine Dankbarkeit, Ferdinand –

FERDINAND (stürzt auf ihn zu und küsst ihm feurig die Hand):
25 Vater! Ihre Gnade entflammt meine ganze Empfindung – Vater! meinen heißesten Dank für Ihre herzliche Meinung – Ihre Wahl ist untadelhaft – aber – ich kann – ich darf – Bedauern Sie mich – Ich kann die Gräfin nicht lieben.

PRÄSIDENT (tritt einen Schritt zurück): Holla! Jetzt hab ich den
30 jungen Herrn. Also in diese Falle ging er, der listige Heuchler – Also es war nicht die Ehre, die dir die Lady verbot? – Es war nicht die Person, sondern die Heurat, die du verabscheutest? –
FERDINAND (steht zuerst wie versteinert, dann fährt er auf und will fortrennen).

35 PRÄSIDENT: Wohin? Halt! Ist das der Respekt, den du mir schuldig bist? (Der Major kehrt zurück.) Du bist bei der Lady gemeldet. Der Fürst hat mein Wort. Stadt und Hof wissen es richtig. – Wenn du mich zum Lügner machst, Junge – vor dem Fürsten – der Lady – der Stadt – dem Hof mich zum Lügner machst – Höre, Junge – oder wenn ich
40 hinter gewisse Historien komme! – Halt! Holla! Was bläst so auf einmal das Feuer in deinen Wangen aus?

FERDINAND (schneeblass und zitternd): Wie? Was? Es ist gewiss nichts, mein Vater!

PRÄSIDENT (einen fürchterlichen Blick auf ihn heftend): Und wenn
45 es was ist – und wenn ich die Spur finden sollte, woher diese Widersetzlichkeit stammt – – Ha, Junge! der bloße Verdacht schon

bringt mich zum Rasen. Geh den Augenblick. Die Wachtparade fängt an. Du wirst bei der Lady sein, sobald die Parole gegeben ist – Wenn ich auftrete, zittert ein Herzogtum. Lass doch sehen, ob mich ein Starrkopf von Sohn meistert. (Er geht und kommt noch einmal
5 wieder.) Junge, ich sage dir, du wirst dort sein, oder fliehe meinen Zorn. (Er geht ab.)

FERDINAND (erwacht aus einer dumpfen Betäubung): Ist er weg? War das eines Vaters Stimme? – Ja! ich will zu ihr – will hin – will ihr Dinge sagen, will ihr einen Spiegel vorhalten – Nichtswürdige! und
10 wenn du auch noch dann meine Hand verlangst – Im Angesicht des versammelten Adels, des Militärs und des Volks – Umgürte dich mit dem ganzen Stolz deines Englands – Ich verwerfe dich – ein deutscher Jüngling! (Er eilt hinaus.)

Zweiter Akt

Ein Saal im Palais der Lady Milford; zur rechten Hand steht ein Sofa,
zur linken ein Flügel.

ERSTE SZENE

5 Lady, in einem freien, aber reizenden Negligé, die Haare noch
unfrisiert, sitzt vor dem Flügel und phantasiert; Sophie, die
Kammerjungfer, kommt von dem Fenster.

SOPHIE: Die Offiziers gehen auseinander. Die Wachparade ist aus –
aber ich sehe noch keinen Walter.

10 LADY (sehr unruhig, indem sie aufsteht und einen Gang durch den
Saal macht): Ich weiß nicht, wie ich mich heute finde, Sophie – Ich
bin noch nie so gewesen – Also du sahst ihn gar nicht? – Freilich wohl
– Es wird ihm nicht eilen – Wie ein Verbrechen liegt es auf meiner
Brust – Geh, Sophie – Man soll mir den wildesten Renner
15 herausführen, der im Marstall ist. Ich muss ins Freie – Menschen
sehen und blauen Himmel und mich leichter reiten ums Herz herum.

SOPHIE: Wenn Sie sich unpässlich fühlen, Mylady – berufen Sie
Assemblée hier zusammen. Lassen Sie den Herzog hier Tafel halten,
oder die L'hombretische vor Ihren Sofa setzen. Mir sollte der Fürst
20 und sein ganzer Hof zu Gebote stehn und eine Grille im Kopfe surren?

LADY (wirft sich in den Sofa): Ich bitte, verschone mich. Ich gebe dir
einen Demant für jede Stunde, wo ich sie mir vom Hals schaffen kann.
Soll ich meine Zimmer mit diesem Volk tapezieren? – Das sind
schlechte erbärmliche Menschen, die sich entsetzen, wenn mir ein
25 warmes herzliches Wort entwischt, Mund und Nasen aufreißen, als
sähen sie einen Geist – Sklaven eines einzigen Marionettendrahts, den
ich leichter als mein Filet regiere. – Was fang' ich mit Leuten an,
deren Seelen so gleich als ihre Sackuhren gehen? Kann ich eine
Freude dran finden, sie was zu fragen, wenn ich voraus weiß, was sie
30 mir antworten werden? Oder worte mit ihnen zu wechseln, wenn sie
das Herz nicht haben, andrer Meinung als ich zu sein? – Weg mit
ihnen! Es ist verdrüsslich, ein Ross zu reiten, das nicht auch in den
Zügel beißt. (Sie tritt zum Fenster.)

SOPHIE: Aber den Fürsten werden Sie doch ausnehmen, Lady? Den
35 schönsten Mann – den feurigsten Liebhaber – den witzigsten Kopf in
seinem ganzen Lande!

LADY (kommt zurück): Denn es ist sein Land – und nur ein
Fürstentum, Sophie, kann meinem Geschmack zur erträglichen
Ausrede dienen – Du sagst, man beneide mich. Armes Ding! Beklagen
40 soll man mich vielmehr. Unter allen, die an den Brüsten der Majestät
trinken, kommt die Favoritin am schlechtesten weg, weil sie allein
dem großen und reichen Mann auf dem Bettelstabe begegnet – Wahr
ist's, er kann mit dem Talisman seiner Größe jeden Gelust meines
Herzens, wie ein Feenschloss, aus der Erde rufen. – Er setzt den Saft

von zwei Indien auf die Tafel – ruft Paradiese aus Wildnissen – lässt
die Quellen seines Landes in stolzen Bögen gen Himmel springen,
oder das Mark seiner Untertanen in einem Feuerwerk hinpuffen – –
Aber kann er auch seinem Herzen befehlen, gegen ein großes, feuriges

5   Herz groß und feurig zu schlagen? Kann er sein darbendes Gehirn auf
ein einziges schönes Gefühl exequieren? – Mein Herz hungert bei all
dem Vollauf der Sinne, und was helfen mich tausend bessre
Empfindungen, wo ich nur Wallungen löschen darf?

SOPHIE (blickt sie verwundernd an): Wie lang ist es denn aber, dass
10   ich Ihnen diene, Mylady?

LADY: Weil du erst heute mit mir bekannt wirst? – Es ist wahr, liebe
Sophie – ich habe dem Fürsten meine Ehre verkauft, aber mein Herz
habe ich frei behalten – ein Herz, meine Gute, das vielleicht eines
Mannes noch wert ist – über welches der giftige Wind des Hofes nur
15   wie der Hauch über den Spiegel ging – Trau es mir zu, meine Liebe,
dass ich es längst gegen diesen armseligen Fürsten behauptet hätte,
wenn ich es nur von meinem Ehrgeiz erhalten könnte, einer Dame am
Hof den Rang vor mir einzuräumen.

SOPHIE: Und dieses Herz unterwarf sich dem Ehrgeiz so gern?

20   LADY (lebhaft): Als wenn es sich nicht schon gerächt hätte! – Nicht
jetzt noch rächte! – Sophie! (Bedeutend, indem sie die Hand auf
Sophiens Achsel fallen lässt.) Wir Frauenzimmer können nur
zwischen Herrschen und Dienen wählen, aber die höchste Wonne der
Gewalt ist doch nur ein elender Behelf, wenn uns die größere Wonne
25   versagt wird, Sklavinnen eines Mannes zu sein, den wir lieben.

SOPHIE: Eine Wahrheit, Mylady, die ich von Ihnen zuletzt hören
wollte!

LADY: Und warum, meine Sophie? Sieht man es denn dieser
kindischen Führung des Zepters nicht an, dass wir nur für das
30   Gängelband taugen? Sahst du es denn diesem launischen Flattersinn
nicht an – diesen wilden Ergötzungen nicht an, dass sie nur wildere
Wünsche in meiner Brust überlärmen sollten?

SOPHIE (tritt erstaunt zurück): Lady!

LADY (lebhafter): Befriedige diese! Gib mir den Mann, den ich jetzt
35   denke – den ich anbete – sterben, Sophie, oder besitzen muss.
(Schmelzend.) Lass mich aus seinem Mund es vernehmen, dass
Tränen der Liebe schöner glänzen in unsern Augen, als die Brillanten
in unserm Haar, (feurig) und ich werfe dem Fürsten sein Herz und
sein Fürstentum vor die Füße, fliehe mit diesem Mann, fliehe in die
40   entlegenste Wüste der Welt – –

SOPHIE (blickt sie erschrocken an): Himmel! Was machen Sie? Wie
wird Ihnen, Lady?

LADY (bestürzt): Du entfärbst dich? – Hab' ich vielleicht etwas zu
viel gesagt? O so lass mich deine Zunge mit meinem Zutrauen binden
45   – höre noch mehr – höre alles –

20

SOPHIE (schaut sich ängstlich um): Ich fürchte, Mylady – ich fürchte – ich brauch es nicht mehr zu hören.

LADY: Die Verbindung mit dem Major – Du und die Welt stehen im Wahn, sie sei eine Hofkabale – Sophie – erröte nicht – schäme dich
5   meiner nicht – sie ist das Werk – meiner Liebe.

SOPHIE: Bei Gott! Was mir ahndete!

LADY: Sie ließen sich beschwatzen, Sophie – der schwache Fürst – der hofschlaue Walter – der alberne Marschall – Jeder von ihnen wird darauf schwören, dass diese Heurat das unfehlbarste Mittel sei, mich
10 dem Herzog zu retten, unser Band um so fester zu knüpfen. – Ja! es auf ewig zu trennen! auf ewig diese schändlichen Ketten zu brechen! – Belogene Lügner! Von einem schwachen Weib überlistet! Ihr selbst führt mir jetzt meinen Geliebten zu. Das war es ja nur, was ich wollte – Hab ich ihn einmal – hab ich ihn – o dann auf immer gute Nacht,
15 abscheuliche Herrlichkeit –

ZWEITE SZENE

Ein alter Kammerdiener des Fürsten, der ein Schmuckkästchen trägt. Die Vorigen.

KAMMERDIENER: Seine Durchlaucht der Herzog empfehlen sich
20 Mylady zu Gnaden und schicken Ihnen diese Brillanten zur Hochzeit. Sie kommen so eben erst aus Venedig.

LADY (hat das Kästchen geöffnet und fährt erschrocken zurück): Mensch! was bezahlt dein Herzog für diese Steine?

KAMMERDIENER (mit finsterm Gesicht): Sie kosten ihn keinen
25 Heller.

LADY: Was? Bist du rasend? Nichts? – und (indem sie einen Schritt von ihm wegtritt) du wirfst mir ja einen Blick zu, als wenn du mich durchbohren wolltest – Nichts kosten ihn diese unermesslich kostbaren Steine?

30 KAMMERDIENER: Gestern sind siebentausend Landskinder nach Amerika fort – Die zahlen alles.

LADY (setzt den Schmuck plötzlich nieder und geht rasch durch den Saal, nach einer Pause zum Kammerdiener): Mann, was ist dir? Ich glaube, du weinst?

35 KAMMERDIENER (wischt sich die Augen, mit schrecklicher Stimme, alle Glieder zitternd): Edelsteine wie diese da – ich hab' auch ein paar Söhne drunter.

LADY (wendet sich bebend weg, seine Hand fassend): Doch keinen Gezwungenen?

40 KAMMERDIENER (lacht fürchterlich): O Gott – Nein – lauter Freiwillige. Es traten wohl so etliche vorlaute Bursch' vor die Front heraus und fragten den Obersten, wie teuer der Fürst das Joch Menschen verkaufe? – Aber unser gnädigster Landesherr ließ alle

Regimenter auf dem Paradeplatz aufmarschieren und die Maulaffen niederschießen. Wir hörten die Büchsen knallen, sahen ihr Gehirn auf das Pflaster sprützen, und die ganze Armee schrie: Juchhe nach Amerika! –

5 LADY (fällt mit Entsetzen in den Sofa): Gott! Gott! – Und ich hörte nichts? Und ich merkte nichts?

KAMMERDIENER: Ja, gnädige Frau – Warum musstet ihr denn mit unserm Herrn gerad auf die Bärenhatz reiten, als man den Lärmen zum Aufbruch schlug? – Die Herrlichkeit hättet ihr doch nicht
10 versäumen sollen, wie uns die gellenden Trommeln verkündigten, es ist Zeit, und heulende Waisen dort einen lebendigen Vater verfolgten, und hier eine wütende Mutter lief, ihr saugendes Kind an Bajonetten zu spießen, und wie man Bräutigam und Braut mit Säbelhieben auseinander riss, und wir Graubärte verzweiflungsvoll dastanden und
15 den Burschen auch zuletzt die Krücken noch nachwarfen in die Neue Welt – Oh, und mitunter das polternde Wirbelschlagen, damit der Allwissende uns nicht sollte beten hören –

LADY (steht auf, heftig bewegt): Weg mit diesen Steinen – sie blitzen Höllenflammen in mein Herz. (Sanfter zum Kammerdiener.) Mäßige
20 dich, armer alter Mann. Sie werden wieder kommen. Sie werden ihr Vaterland wieder sehen.

KAMMERDIENER (warm und voll): Das weiß der Himmel! Das werden sie! – Noch am Stadttor drehten sie sich um und schrien: »Gott mit euch, Weib und Kinder – Es leb unser Landesvater – Am
25 Jüngsten Gericht sind wir wieder da!« –

LADY (mit starkem Schritt auf und nieder gehend): Abscheulich! Fürchterlich! – Mich beredet man, ich habe sie alle getrocknet, die Tränen des Landes – Schrecklich, schrecklich gehen mir die Augen auf – Geh du – Sag deinem Herrn – Ich werd ihm persönlich danken!
30 (Kammerdiener will gehen, sie wirft ihm ihre Geldbörse in den Hut.) Und das nimm, weil du mir Wahrheit sagtest –

KAMMERDIENER (wirft sie verächtlich auf den Tisch zurück): Legt's zu dem Übrigen. (Er geht ab.)

LADY (sieht ihm erstaunt nach): Sophie, spring ihm nach, frag ihn
35 um seinen Namen. Er soll seine Söhne wieder haben. (Sophie ab. Lady nachdenkend auf und nieder. Pause. Zu Sophien, die wiederkommt.) Ging nicht jüngst ein Gerüchte, dass das Feuer eine Stadt an der Grenze verwüstet und bei vierhundert Familien an den Bettelstab gebracht habe? (Sie klingelt.)

40 SOPHIE: Wie kommen Sie auf das? Allerdings ist es so, und die mehresten dieser Unglücklichen dienen jetzt ihren Gläubigern als Sklaven oder verderben in den Schachten der fürstlichen Silberbergwerke.

BEDIENTER (kommt): Was befehlen Mylady?

45 LADY (gibt ihm den Schmuck): Dass das ohne Verzug in die Landschaft gebracht werde! – Man soll es sogleich zu Geld machen,

22

befehl ich, und den Gewinst davon unter die Vierhundert verteilen, die der Brand ruiniert hat.

SOPHIE: Mylady, bedenken Sie, dass Sie die höchste Ungnade wagen.

5 LADY (mit Größe): Soll ich den Fluch seines Landes in meinen Haaren tragen? (Sie winkt dem Bedienten; dieser geht.) Oder willst du, dass ich unter dem schrecklichen Geschirr solcher Tränen zu Boden sinke? – Geh, Sophie – Es ist besser, falsche Juwelen im Haar und das Bewusstsein dieser Tat im Herzen zu haben.

10 SOPHIE: Aber Juwelen wie diese! Hätten Sie nicht Ihre schlechtern nehmen können? Nein, wahrlich, Mylady! es ist Ihnen nicht zu vergeben.

LADY: Närrisches Mädchen! Dafür werden in einem Augenblick mehr Brillanten und Perlen für mich fallen, als zehen Könige in ihren
15 Diademen getragen, und schönere –

BEDIENTER (kommt zurück): Major von Walter –

SOPHIE (springt auf die Lady zu): Gott! Sie verblassen –

LADY: Der erste Mann, der mir Schrecken macht – Sophie – Ich sei unpässlich, Eduard – Halt – Ist er aufgeräumt? Lacht er? Was spricht
20 er? O Sophie! Nicht wahr, ich sehe hässlich aus?

SOPHIE: Ich bitte Sie, Lady –

BEDIENTER: Befehlen Sie, dass ich ihn abweise?

LADY (stotternd): Er soll mir willkommen sein. (Bedienter hinaus.) Sprich, Sophie – Was sag ich ihm? Wie empfang ich ihn? – Ich werde
25 stumm sein. – Er wird meiner Schwäche spotten – Er wird – o was ahndet mir – Du verlässest mich, Sophie? – Bleib – Doch nein! Gehe! – So bleib doch. (Der Major kommt durch das Vorzimmer.)

SOPHIE: Sammeln Sie sich. Er ist schon da.

DRITTE SZENE

30 Ferdinand von Walter. Die Vorigen.

FERDINAND (mit einer kurzen Verbeugung): Wenn ich Sie worin unterbreche, gnädige Frau –

LADY (unter merkbarem Herzklopfen): In nichts, Herr Major, das mir wichtiger wäre.

35 FERDINAND: Ich komme auf Befehl meines Vaters.

LADY: Ich bin seine Schuldnerin.

FERDINAND: Und soll Ihnen melden, dass wir uns heuraten – So weit der Auftrag meines Vaters.

LADY (entfärbt sich und zittert): Nicht Ihres eigenen Herzens?

40 FERDINAND: Minister und Kuppler pflegen das niemals zu fragen.

LADY (mit einer Beängstigung, dass ihr die Worte versagen): Und Sie selbst hätten sonst nichts beizusetzen?

FERDINAND (mit einem Blick auf die Mamsell): Noch sehr viel, Mylady.

5 LADY (gibt Sophien einen Wink, diese entfernt sich): Darf ich Ihnen diesen Sofa anbieten?

FERDINAND: Ich werde kurz sein, Milady.

LADY: Nun?

FERDINAND: Ich bin ein Mann von Ehre.

10 LADY: Den ich zu schätzen weiß.

FERDINAND: Kavalier.

LADY: Kein bessrer im Herzogtum.

FERDINAND: Und Offizier.

LADY (schmeichelhaft): Sie berühren hier Vorzüge, die auch andere
15 mit Ihnen gemein haben. Warum verschweigen Sie größere, worin Sie einzig sind?

FERDINAND (frostig): Hier brauch ich sie nicht.

LADY (mit immer steigender Angst): Aber für was muss ich diesen Vorbericht nehmen?

20 FERDINAND (langsam und mit Nachdruck): Für den Einwurf der Ehre, wenn Sie Lust haben sollten, meine Hand zu erzwingen.

LADY (auffahrend): Was ist das, Herr Major?

FERDINAND (gelassen): Die Sprache meines Herzens – meines Wappens – und dieses Degens.

25 LADY: Diesen Degen gab Ihnen der Fürst.

FERDINAND: Der Staat gab mir ihn durch die Hand des Fürsten – mein Herz Gott – mein Wappen ein halbes Jahrtausend.

LADY: Der Name des Herzogs –

FERDINAND (hitzig): Kann der Herzog Gesetze der Menschheit
30 verdrehen, oder Handlungen münzen wie seine Dreier? – Er selbst ist nicht über die Ehre erhaben, aber er kann ihren Mund mit seinem Golde verstopfen. Er kann den Hermelin über seine Schande herwerfen. Ich bitte mir aus, davon nichts mehr, Mylady. – Es ist nicht mehr die Rede von weggeworfenen Aussichten und Ahnen – oder von
35 dieser Degenquaste – oder von der Meinung der Welt. Ich bin bereit, dies alles mit Füßen zu treten, sobald Sie mich nur überzeugt haben werden, dass der Preis nicht schlimmer noch als das Opfer ist.

LADY (schmerzhaft von ihm weggehend): Herr Major! das hab ich nicht verdient.

40 FERDINAND (ergreift ihre Hand): Vergeben Sie. Wir reden hier ohne Zeugen. Der Umstand, der Sie und mich – heute und nie mehr – zusammenführt, berechtigt mich, zwingt mich, Ihnen mein geheimstes

24

Gefühl nicht zurück zu halten. – Es will mir nicht zu Kopfe, Mylady, dass eine Dame von so viel Schönheit und Geist – Eigenschaften, die ein Mann schätzen würde – sich an einen Fürsten sollte wegwerfen können, der nur das Geschlecht an ihr zu bewundern gelernt hat, wenn
5 sich diese Dame nicht schämte, vor einen Mann mit ihrem Herzen zu treten.

LADY (schaut ihm groß ins Gesicht): Reden Sie ganz aus.

FERDINAND: Sie nennen sich eine Britin. Erlauben Sie mir – ich kann es nicht glauben, dass Sie eine Britin sind. Die freigeborene
10 Tochter des freiesten Volks unter dem Himmel – das auch zu stolz ist, fremder Tugend zu räuchern, – kann sich nimmermehr an fremdes Laster verdingen. Es ist nicht möglich, dass Sie eine Britin sind – oder das Herz dieser Britin muss um so viel kleiner sein, als größer und kühner Britanniens Adern schlagen.

15 LADY: Sind Sie zu Ende?

FERDINAND: Man könnte antworten, es ist weibliche Eitelkeit – Leidenschaft – Temperament – Hang zum Vergnügen. Schon öfters überlebte Tugend die Ehre. Schon manche, die mit Schande in diese Schranke trat, hat nachher die Welt durch edle Handlungen mit sich
20 ausgesöhnt und das hässliche Handwerk durch einen schönen Gebrauch geadelt – – Aber woher denn jetzt diese ungeheure Pressung des Landes, die vorher nie so gewesen? – Das war im Namen des Herzogtums. – Ich bin zu Ende.

LADY (mit Sanftmut und Hoheit): Es ist das erste Mal, Walter, dass
25 solche Reden an mich gewagt werden, und Sie sind der einzige Mensch, dem ich darauf antworte – Dass Sie meine Hand verwerfen, darum schätz ich Sie. Dass Sie mein Herz lästern, vergebe ich Ihnen. Dass es Ihr Ernst ist, glaube ich Ihnen nicht. Wer sich herausnimmt, Beleidigungen dieser Art einer Dame zu sagen, die nicht mehr als eine
30 Nacht braucht, ihn ganz zu verderben, muss dieser Dame eine große Seele zutrauen oder – von Sinnen sein – Dass Sie den Ruin des Landes auf meine Brust wälzen, vergebe Ihnen Gott der Allmächtige, der Sie und mich und den Fürsten einst gegeneinander stellt. – Aber Sie haben die Engländerin in mir aufgefordert, und auf Vorwürfe
35 dieser Art muss mein Vaterland Antwort haben.

FERDINAND (auf seinen Degen gestützt): Ich bin begierig.

LADY: Hören Sie also, was ich, außer Ihnen, noch niemand vertraute, noch jemals einem Menschen vertrauen will. – Ich bin nicht die Abenteurerin, Walter, für die Sie mich halten. Ich könnte großthun
40 und sagen: ich bin fürstlichen Geblüts – aus des unglücklichen Thomas Norfolks Geschlechte, der für die schottische Maria ein Opfer war – Mein Vater, des Königs oberster Kämmerer, wurde bezüchtigt, in verrätrischem Vernehmen mit Frankreich zu stehen, durch einen Spruch der Parlamente verdammt und enthauptet. – Alle unsre Güter
45 fielen der Krone zu. Wir selbst wurden des Landes verwiesen. Meine Mutter starb am Tage der Hinrichtung. Ich – ein vierzehnjähriges Mädchen – flohe nach Teutschland mit meiner Wärterin – einem

Kästchen Juwelen – und diesem Familienkreuz, das meine sterbende
Mutter mit ihrem letzten Segen mir an den Busen steckte.

FERDINAND (wird nachdenkend und heftet wärmere Blicke auf die
Lady).

5 LADY (fährt fort mit immer zunehmender Rührung): Krank – ohne
Namen – ohne Schutz und Vermögen – eine ausländische Waise kam
ich nach Hamburg. Ich hatte nichts gelernt als das bisschen
Französisch – ein wenig Filet und den Flügel – desto besser verstund
ich auf Gold und Silber zu speisen, unter damastenen Decken zu
10 schlafen, mit einem Wink zehn Bediente fliegen zu machen und die
Schmeicheleien der Großen Ihres Geschlechts aufzunehmen. – Sechs
Jahre waren schon hingeweint. – Und die letzte Schmucknadel flog
dahin – Meine Wärterin starb – und jetzt führte mein Schicksal Ihren
Herzog nach Hamburg. Ich spazierte damals an den Ufern der Elbe,
15 sah in den Strom und fing eben an zu phantasieren, ob dieses Wasser
oder mein Leiden das Tiefste wäre? – Der Herzog sah mich, verfolgte
mich, fand meinen Aufenthalt, – lag zu meinen Füßen und schwur,
dass er mich liebe. (Sie hält in großen Bewegungen inne, dann fährt
sie fort mit weinender Stimme.) Alle Bilder meiner glücklichen
20 Kindheit wachten jetzt wieder mit verführendem Schimmer auf –
Schwarz wie das Grab graute mich eine trostlose Zukunft an – Mein
Herz brannte nach einem Herzen – Ich sank an das seinige. (Von ihm
wegstürzend.). Jetzt verdammen Sie mich!

FERDINAND (sehr bewegt, eilt ihr nach und hält sie zurück): Lady! o
25 Himmel! Was hör ich? Was tat ich? – Schrecklich enthüllt sich mein
Frevel mir. Sie können mir nicht mehr vergeben.

LADY (kommt zurück und hat sich zu sammeln gesucht): Hören Sie
weiter. Der Fürst überraschte zwar meine wehrlose Jugend – aber das
Blut der Norfolk empörte sich in mir: Du, eine geborene Fürstin,
30 Emilie, rief es, und jetzt eines Fürsten Konkubine? – Stolz und
Schicksal kämpften in meiner Brust, als der Fürst mich hieher brachte
und auf einmal die schauderndste Szene vor meinen Augen stand. –
Die Wollust der Großen dieser Welt ist die nimmersatte Hyäne, die
sich mit Heißhunger Opfer sucht. – Fürchterlich hatte sie schon in
35 diesem Lande gewütet – hatte Braut und Bräutigam zertrennt – hatte
selbst der Ehen göttliches Band zerrissen – – hier das stille Glück
einer Familie geschleift – dort ein junges unerfahrenes Herz der
verheerenden Pest aufgeschlossen, und sterbende Schülerinnen
schäumten den Namen ihres Lehrers unter Flüchen und Zuckungen
40 aus – Ich stellte mich zwischen das Lamm und den Tiger; nahm einen
fürstlichen Eid von ihm in einer Stunde der Leidenschaft, und diese
abscheuliche Opferung musste aufhören.

FERDINAND (rennt in der heftigsten Unruhe durch den Saal): Nichts
mehr, Mylady! Nicht weiter!

45 LADY: Diese traurige Periode hatte einer noch traurigern Platz
gemacht. Hof und Serail wimmelten jetzt von Italiens Auswurf.
Flatterhafte Pariserinnen tändelten mit dem furchtbaren Szepter, und
das Volk blutete unter ihren Launen – Sie alle erlebten ihren Tag. Ich

sah sie neben mir in den Staub sinken, denn ich war mehr Kokette als sie alle. Ich nahm dem Tyrannen den Zügel ab, der wollüstig in meiner Umarmung erschlappte – dein Vaterland, Walter, fühlte zum erstenmal eine Menschenhand und sank vertrauend an meinen Busen.

5 (Pause, worin sie ihn schmelzend ansieht.) O dass der Mann, von dem ich allein nicht verkannt sein möchte, mich jetzt zwingen muss, groß zu prahlen und meine stille Tugend am Licht der Bewunderung zu versengen! – Walter, ich habe Kerker gesprengt – habe Todesurteile zerrissen und manche entsetzliche Ewigkeit auf Galeeren verkürzt. In

10 unheilbare Wunden hab ich doch wenigstens stillenden Balsam gegossen – mächtige Frevler in Staub gelegt und die verlorne Sache der Unschuld oft noch mit einer buhlerischen Träne gerettet – Ha, Jüngling! wie süß war mir das! Wie stolz konnte mein Herz jede Anklage meiner fürstlichen Geburt widerlegen! – Und jetzt kommt der

15 Mann, der allein mir das alles belohnen sollte – der Mann, den mein erschöpftes Schicksal vielleicht zum Ersatz meiner vorigen Leiden schuf – der Mann, den ich mit brennender Sehnsucht im Traum schon umfasse –

FERDINAND (fällt ihr ins Wort, durch und durch erschüttert): Zu
20 viel! zu viel! Das ist wider die Abrede, Lady. Sie sollten sich von Anklagen reinigen und machen mich zu einem Verbrecher. Schonen Sie – ich beschwöre Sie – schonen Sie meines Herzens, das Beschämung und wütende Reue zerreißen –

LADY (hält seine Hand fest): Jetzt oder nimmermehr. Lange genug
25 hielt die Heldin stand – das Gewicht dieser Tränen musst du noch fühlen. (Im zärtlichsten Ton.) Höre, Walter – wenn eine Unglückliche – unwiderstehlich allmächtig an dich gezogen – sich an dich presst mit einem Busen voll glühender unerschöpflicher Liebe – Walter – und du jetzt noch das kalte Wort Ehre sprichst – wenn diese Unglückliche –

30 niedergedrückt vom Gefühl ihrer Schande – des Lasters überdrüssig – heldenmäßig emporgehoben vom Rufe der Tugend – sich so – in deine Arme wirft (sie umfasst ihn, beschwörend und feierlich) – durch dich gerettet – durch dich dem Himmel wiedergeschenkt sein will, oder (das Gesicht von ihm abgewandt, mit hohler, bebender Stimme)

35 deinem Bild zu entfliehen, dem fürchterlichen Ruf der Verzweiflung gehorsam, in noch abscheulichere Tiefen des Lasters wieder hinuntertaumelt –

FERDINAND (von ihr losreißend, in der schrecklichsten Bedrängnis): Nein, beim großen Gott! ich kann das nicht aushalten – Lady, ich
40 muss – Himmel und Erde liegen auf mir – ich muss Ihnen ein Geständnis tun, Lady.

LADY (von ihm wegfliehend): Jetzt nicht! Jetzt nicht, bei allem, was heilig ist – in diesem entsetzlichen Augenblick nicht, wo mein zerrissenes Herz an tausend Dolchstichen blutet – Sei's Tod oder
45 Leben – ich darf es nicht – ich will es nicht hören.

FERDINAND: Doch, doch, beste Lady. Sie müssen es. Was ich Ihnen jetzt sagen werde, wird meine Strafbarkeit mindern und eine warme Abbitte des Vergangenen sein – Ich habe mich in Ihnen betrogen, Mylady. Ich erwartete – ich wünschte, Sie meiner Verachtung würdig

zu finden. Fest entschlossen, Sie zu beleidigen und Ihren Hass zu verdienen, kam ich her – Glücklich wir beide, wenn mein Vorsatz gelungen wäre! (Er schweigt eine Weile, darauf leise und schüchterner.) Ich liebe, Mylady – liebe ein bürgerliches Mädchen –
5 Luisen Millerin, eines Musikus Tochter. (Lady wendet sich bleich von ihm weg, er fährt lebhafter fort.) Ich weiß, worein ich mich stürze; aber wenn auch Klugheit die Leidenschaft schweigen heißt, so redet die Pflicht desto lauter – Ich bin der Schuldige. Ich zuerst zerriss ihrer Unschuld goldenen Frieden – wiegte ihr Herz mit vermessenen
10 Hoffnungen und gab es verräterisch der wilden Leidenschaft preis. – Sie werden mich an Stand – an Geburt – an die Grundsätze meines Vaters erinnern – aber ich liebe – Meine Hoffnung steigt um so höher, je tiefer die Natur mit Konvenienzen zerfallen ist. – Mein Entschluss und das Vorurteil! – Wir wollen sehen, ob die Mode oder die
15 Menschheit auf dem Platz bleiben wird. (Lady hat sich unterdes bis an das äußerste Ende des Zimmers zurückgezogen und hält das Gesicht mit beiden Händen bedeckt. Er folgt ihr dahin.) Sie wollten mir etwas sagen, Mylady?

LADY (im Ausdruck des heftigsten Leidens): Nichts, Herr von
20 Walter! Nichts, als dass Sie sich und mich und noch eine Dritte zugrund richten.

FERDINAND: Noch eine Dritte?

LADY: Wir können miteinander nicht glücklich werden. Wir müssen doch der Voreiligkeit Ihres Vaters zum Opfer werden. Nimmermehr
25 werd ich das Herz eines Mannes haben, der mir seine Hand nur gezwungen gab.

FERDINAND: Gezwungen? Lady? Gezwungen gab? und also doch gab? Können Sie eine Hand ohne Herz erzwingen? Sie einem Mädchen den Mann entwenden, der die ganze Welt dieses Mädchens
30 ist? Sie einen Mann von dem Mädchen reißen, das die ganze Welt dieses Mannes ist? Sie, Mylady – vor einem Augenblick die bewundernswürdige Britin? – Sie können das?

LADY: Weil ich es muss. (Mit Ernst und Stärke.) Meine Leidenschaft, Walter, weicht meiner Zärtlichkeit für Sie. Meine Ehre
35 kann's nicht mehr – Unsre Verbindung ist das Gespräch des ganzen Landes. Alle Augen, alle Pfeile des Spotts sind auf mich gespannt. Die Beschimpfung ist unauslöschlich, wenn ein Untertan des Fürsten mich ausschlägt. Rechten Sie mit Ihrem Vater. Wehren Sie sich, so gut Sie können. – Ich lass alle Minen sprengen. (Sie geht schnell ab. Der
40 Major bleibt in sprachloser Erstarrung stehn. Pause. Dann stürzt er fort durch die Flügeltüre.)

VIERTE SZENE

Zimmer beim Musikanten.

Miller, Frau Millerin, Luise treten auf.

45 MILLER (hastig ins Zimmer): Ich hab's ja zuvor gesagt!

LUSIE (sprengt ihn ängstlich an): Was, Vater, was?

MILLER (rennt wie toll auf und nieder): Meinen Staatsrock her – hurtig – ich muss ihm zuvorkommen – und ein weißes Manschettenhemd! – Das hab ich mir gleich eingebildet!

5 LUSIE: Um Gotteswillen! Was?

Millerin: Was gibt's denn? was ist's denn?

MILLER (wirft seine Perücke ins Zimmer): Nur gleich zum Friseur das! – Was es gibt? (Vor den Spiegel gesprungen.) Und mein Bart ist auch wieder fingerslang – Was es gibt? – Was wird's geben, du
10 Rabenaas? – Der Teufel ist los, und dich soll das Wetter schlagen.

FRAU: Da sehe man! Über mich muss gleich alles kommen.

MILLER: Über dich? Ja, blaues Donnermaul, und über wen anders? Heute früh mit deinem diabolischen Junker – Hab ich's nicht im Moment gesagt? – Der Wurm hat geplaudert.

15 FRAU: Ah was! Wie kannst du das wissen?

MILLER: Wie kann ich das wissen? – Da! – unter der Haustüre spukt ein Kerl des Ministers und fragt nach dem Geiger.

LUSIE: Ich bin des Todes.

MILLER: Du aber auch mit deinen Vergißmeinnichtsaugen! (Lacht
20 voll Bosheit.) Das hat seine Richtigkeit, wem der Teufel ein Ei in die Wirtschaft gelegt hat, dem wird eine hübsche Tochter geboren – Jetzt hab' ich's blank!

FRAU: Woher weißt du denn, dass es der Luise gilt? – Du kannst dem Herzog rekommendiert worden sein. Er kann dich ins Orchester
25 verlangen.

MILLER (springt nach seinem Rohr): Dass dich der Schwefelregen von Sodom! – Orchester! – Ja, wo du Kupplerin den Diskant wirst heulen und mein blauer Hinterer den Konterbass vorstellen. (Wirft sich in seinen Stuhl.) Gott im Himmel!

30 LUISE (setzt sich totenbleich nieder): Mutter! Vater! Warum wird mir auf einmal so bange?

MILLER (springt wieder vom Stuhl auf): Aber soll mir der Dintenklecker einmal in den Schuss laufen! – Soll er mir laufen! Es sei in dieser oder in jener Welt – Wenn ich ihm nicht Leib und Seele
35 breiweich zusammendresche, alle zehen Gebote und alle sieben Bitten im Vaterunser und alle Bücher Mosis und der Propheten aufs Leder schreibe, dass man die blauen Flecken bei der Auferstehung der Toten noch sehen soll –

FRAU: Ja! fluch du und poltre du! Das wird jetzt den Teufel bannen.
40 Hilf, heiliger Herregott! Wohinaus nun? Wie werden wir Rat schaffen? Was nun anfangen? Vater Miller, so rede doch! (Sie läuft heulend durchs Zimmer.)

MILLER: Auf der Stell zum Minister will ich. Ich zuerst will mein Maul auftun – ich selbst will es angeben. Du hast es vor mir gewusst.

Du hättest mir einen Wink geben können. Das Mädel hätt sich noch weisen lassen. Es wäre noch Zeit gewesen – aber nein! – Da hat sich was makeln lassen; da hat sich was fischen lassen! – Da hast du noch Holz obendrein zugetragen! – Jetzt sorg auch für deinen Kuppelpelz.

5 Friss aus, was du einbrocktest. Ich nehme meine Tochter in Arm, und marsch mit ihr über die Grenze.

FÜNFTE SZENE

Ferdinand von Walter stürzt erschrocken und außer Atem ins Zimmer. Die Vorigen.

10 FERDINAND: War mein Vater da?

LUISE (fährt mit Schrecken auf): Sein Vater! Allmächtiger Gott!

FRAU (schlägt die Hände zusammen): Der Präsident! Es ist aus mit uns!

MILLER (lacht voller Bosheit): Gottlob! Gottlob! da haben wir ja die
15 Bescherung!

FERDINAND (eilt auf Luisen zu und drückt sie stark in die Arme): Mein bist du, und wärfen Höll und Himmel sich zwischen uns.

LUISE: Mein Tod ist gewiss – Rede weiter – Du sprachst einen schrecklichen Namen aus – Dein Vater?

20 FERDINAND: Nichts. Nichts. Es ist überstanden. Ich hab dich ja wieder. Du hast mich ja wieder. O lass mich Atem schöpfen an dieser Brust. Es war eine schreckliche Stunde.

LUISE: Welche? Du tötest mich!

FERDINAND (tritt zurück und schaut sie bedeutend an): Eine Stunde,
25 Luise, wo zwischen mein Herz und dich eine fremde Gewalt sich warf – wo meine Liebe vor meinem Gewissen erblasste – wo meine Luise aufhörte, ihrem Ferdinand alles zu sein – –

LUISE (sinkt mit verhülltem Gesicht auf den Sessel nieder).

FERDINAND (geht schnell auf sie zu, bleibt sprachlos mit starrem
30 Blick vor ihr stehen, dann verlässt er sie plötzlich, in großer Bewegung): Nein! Nimmermehr! Unmöglich, Lady! Zu viel verlangt! Ich kann dir diese Unschuld nicht opfern – Nein, beim unendlichen Gott! ich kann meinen Eid nicht verletzen, der mich laut wie des Himmels Donner aus diesem brechenden Auge mahnt – Lady, blick
35 hieher – hieher, du Rabenvater – Ich soll diesen Engel würgen? Die Hölle soll ich in diesen himmlischen Busen schütten? (Mit Entschluß auf sie zueilend.) Ich will sie führen vor des Weltrichters Thron, und ob meine Liebe Verbrechen ist, soll der Ewige sagen. (Er fasst sie bei der Hand und hebt sie vom Sessel.) Fasse Mut, meine Teuerste! – Du
40 hast gewonnen. Als Sieger komm ich aus dem gefährlichsten Kampf zurück.

LUISE: Nein! Nein! Verhehle mir nichts. Sprich es aus, das entsetzliche Urteil. Deinen Vater nanntest du? Du nanntest die Lady? – Schauer des Todes ergreifen mich – Man sagt, sie wird heuraten.

FERDINAND (stürzt betäubt zu Luisens Füßen nieder): Mich,
5 Unglückselige!

LUISE (nach einer Pause, mit stillem, bebenden Ton und schrecklicher Ruhe): Nun – was erschreck ich denn? Der alte Mann dort hat mir's ja oft gesagt – ich hab es ihm nie glauben wollen. (Pause. Dann wirft sie sich Millern laut weinend in den Arm.). Vater,
0 hier ist deine Tochter wieder – Verzeihung, Vater – Dein Kind kann ja nicht dafür, dass dieser Traum so schön war, und – – so fürchterlich jetzt das Erwachen – –

MILLER: Luise! Luise! – O Gott, sie ist von sich – Meine Tochter, mein armes Kind – Fluch über den Verführer! – Fluch über das Weib,
5 das ihm kuppelte!

FRAU (wirft sich jammernd auf Luisen): Verdien ich diesen Fluch, meine Tochter? Vergeb's Ihnen Gott, Baron – Was hat dieses Lamm getan, dass Sie es würgen?

FERDINAND (springt an ihr auf, voll Entschlossenheit): Aber ich
20 will seine Kabalen durchbohren – durchreißen will ich alle diese eisernen Ketten des Vorurteils – Frei wie ein Mann will ich wählen, dass diese Insektenseelen am Riesenwerk meiner Liebe hinaufschwindeln. (Er will fort.)

LUISE (zittert vom Sessel auf, folgt ihm): Bleib! Bleib! Wohin willst
25 du? – Vater – Mutter – in dieser bangen Stunde verlässt er uns?

FRAU (eilt ihm nach, hängt sich an ihn): Der Präsident wird hieherkommen – Er wird unser Kind misshandeln – Er wird uns misshandeln – Herr von Walter, und Sie verlassen uns?

MILLER (lacht wütend): Verlässt uns! Freilich! Warum nicht? – Sie
30 gab ihm ja alles hin! (Mit der einen Hand den Major, mit der andern Luisen fassend.) Geduld, Herr! der Weg aus meinem Hause geht nur über diese da – Erwarte erst deinen Vater, wenn du kein Bube bist – Erzähl es ihm, wie du dich in ihr Herz stahlst, Betrüger, oder bei Gott! (ihm seine Tochter zuschleudernd, wild und heftig) Du sollst mir
35 zuvor diesen wimmernden Wurm zertreten, den Liebe zu dir so zu Schanden richtete.

FERDINAND (kommt zurück und geht auf und ab in tiefen Gedanken): Zwar die Gewalt des Präsidenten ist groß – Vaterrecht ist ein weites Wort – der Frevel selbst kann sich in seinen Falten
40 verstecken, er kann es weit damit treiben – Weit! – Doch aufs Äußerste treibt's nur die Liebe – Hier, Luise! Deine Hand ist die meinige! (Er fasst diese heftig.) So wahr mich Gott im letzten Hauch nicht verlassen soll! – Der Augenblick, der diese zwo Hände trennt, zerreißt auch den Faden zwischen mir und der Schöpfung.

45 LUISE: Mir wird bange! Blick weg! Deine Lippen beben. Dein Auge rollt fürchterlich –

FERDINAND: Nein, Luise. Zittre nicht. Es ist nicht Wahnsinn, was aus mir redet. Es ist das köstliche Geschenk des Himmels, Entschluss in dem geltenden Augenblick, wo die gepresste Brust nur durch etwas Unerhörtes sich Luft macht – Ich liebe dich, Luise – Du sollst mir
5 bleiben, Luise – Jetzt zu meinem Vater! (Er eilt schnell fort und rennt – gegen den Präsidenten.)

SECHSTE SZENE

Der Präsident mit einem Gefolge von Bedienten. Vorige.

PRÄSIDENT (im Hereintreten): Da ist er schon.

10 ALLE (erschrocken).

FERDINAND (weicht einige Schritte zurücke): Im Hause der Unschuld.

PRÄSIDENT: Wo der Sohn Gehorsam gegen den Vater lernt?

FERDINAND: Lassen Sie uns das – –

15 PRÄSIDENT (unterbricht ihn, zu Millern): Er ist der Vater?

MILLER: Stadtmusikant Miller.

PRÄSIDENT (zur Frau): Sie die Mutter?

FRAU: Ach ja! die Mutter.

FERDINAND (zu Millern): Vater, bring Er die Tochter weg – Sie
20 droht eine Ohnmacht.

PRÄSIDENT: Überflüssige Sorgfalt. Ich will sie anstreichen (Zu Luisen.) Wie lang kennt Sie den Sohn des Präsidenten?

LUISE: Diesem habe ich nie nachgefragt. Ferdinand von Walter besucht mich seit dem November.

25 FERDINAND: Betet sie an.

PRÄSIDENT: Erhielt sie Versicherungen?

FERDINAND: Vor wenig Augenblicken die feierlichste im Angesicht Gottes.

PRÄSIDENT (zornig zu seinem Sohn): Zur Beichte deiner Torheit
30 wird man dir schon das Zeichen geben. (Zu Luisen.) Ich warte auf Antwort.

LUISE: Er schwur mir Liebe.

FERDINAND: Und wird sie halten.

PRÄSIDENT: Muss ich befehlen, dass du schweigst? – Nahm Sie den
35 Schwur an?

LUISE (zärtlich): Ich erwiderte ihn.

FERDINAND (mit fester Stimme): Der Bund ist geschlossen.

PRÄSIDENT: Ich werde das Echo hinaus werfen lassen. (Boshaft zu Luisen.) Aber er bezahlte Sie doch jederzeit bar?

32

LUISE (aufmerksam) : Diese Frage verstehe ich nicht ganz.

PRÄSIDENT (mit beißendem Lachen): Nicht? Nun! ich meine nur –
Jedes Handwerk hat, wie man sagt, einen goldenen Boden – auch Sie,
hoff ich, wird Ihre Gunst nicht verschenkt haben – oder war's Ihr
5   vielleicht mit dem bloßen Verschluss gedient? Wie?

FERDINAND (fährt wie rasend auf): Hölle! was war das?

LUISE (zum Major mit Würde und Unwillen): Herr von Walter, jetzt
sind Sie frei.

FERDINAND: Vater! Ehrfurcht befiehlt die Tugend auch im
10   Bettlerkleid.

PRÄSIDENT (lacht lauter): Eine lustige Zumutung! Der Vater soll die
Hure des Sohns respektieren.

LUISE (stürzt nieder): O Himmel und Erde!

FERDINAND (mit Luisen zu gleicher Zeit, indem er den Degen nach
15   dem Präsidenten zückt, den er aber schnell wieder sinken lässt):
Vater! Sie hatten einmal ein Leben an mich zu fordern – Es ist
bezahlt. (Den Degen einsteckend.) Der Schuldbrief der kindlichen
Pflicht liegt zerrissen da –

MILLER (der bis jetzt furchtsam auf der Seite gestanden, tritt hervor
20   in Bewegung, wechselweis vor Wut mit den Zähnen knirschend und
für Angst damit klappernd): Euer Exzellenz – Das Kind ist des Vaters
Arbeit – Halten zu Gnaden – Wer das Kind eine Mähre schilt, schlägt
den Vater ans Ohr, und Ohrfeig um Ohrfeig – Das ist so Tax bei uns –
Halten zu Gnaden.

25   FRAU: Hilf, Herr und Heiland! – Jetzt bricht auch der Alte los – über
unserm Kopf wird das Wetter zusammenschlagen.

PRÄSIDENT (der es nur halb gehört hat): Regt sich der Kuppler
auch? – Wir sprechen uns gleich, Kuppler.

MILLER: Halten zu Gnaden. Ich heiße Miller, wenn Sie ein Adagio
30   hören wollen – mit Buhlschaften dien ich nicht. So lang der Hof da
noch Vorrat hat, kommt die Lieferung nicht an uns Bürgersleut.
Halten zu Gnaden.

FRAU: Um des Himmels willen, Mann! Du bringst Weib und Kind
um.

35   FERDINAND: Sie spielen hier eine Rolle, mein Vater, wobei Sie sich
wenigstens die Zeugen hätten ersparen können.

MILLER (kommt ihm näher, herzhafter): Teutsch und verständlich.
Halten zu Gnaden. Euer Exzellenz schalten und walten im Land. Das
ist meine Stube. Mein devotestes Kompliment, wenn ich dermaleins
40   ein pro memoria bringe, aber den ungehobelten Gast werf ich zur Tür
hinaus – Halten zu Gnaden.

PRÄSIDENT (vor Wut blass): Was? – Was ist das? (Tritt ihm näher.)

MILLER (zieht sich sachte zurück): Das war nur so meine Meinung,
Herr – Halten zu Gnaden.

PRÄSIDENT (in Flammen): Ha, Spitzbube! Ins Zuchthaus spricht dich deine vermessene Meinung – Fort! Man soll Gerichtsdiener holen. (Einige vom Gefolg gehen ab; der Präsident rennt voll Wut durch das Zimmer.) Vater ins Zuchthaus – an den Pranger Mutter und
5   Metze von Tochter! – Die Gerechtigkeit soll meiner Wut ihre Arme borgen. Für diesen Schimpf muss ich schreckliche Genugtuung haben – Ein solches Gesindel sollte meine Plane zerschlagen und ungestraft Vater und Sohn aneinander hetzen? – Ha, Verfluchte! Ich will meinen Hass an eurem Untergang sättigen, die ganze Brut, Vater, Mutter und
10 Tochter, will ich meiner brennenden Rache opfern.

FERDINAND (tritt gelassen und standhaft unter sie hin): O nicht doch! Seit außer Furcht! Ich bin zugegen. (Zum Präsidenten mit Unterwürfigkeit.) Keine Übereilung, mein Vater! Wenn Sie sich selbst lieben, keine Gewalttätigkeit – Es gibt eine Gegend in meinem
15 Herzen, worin das Wort Vater noch nie gehört worden ist – Dringen Sie nicht bis in diese.

PRÄSIDENT: Nichtswürdiger! Schweig! Reize meinen Grimm nicht noch mehr.

MILLER (kommt aus einer dumpfen Betäubung zu sich selbst): Schau
20 du nach deinem Kinde, Frau. Ich laufe zum Herzog – Der Leibschneider – das hat mir Gott eingeblasen! – der Leibschneider lernt die Flöte bei mir. Es kann mir nicht fehlen beim Herzog. (Er will gehen.)

PRÄSIDENT: Beim Herzog, sagst du? – Hast du vergessen, dass ich
25 die Schwelle bin, worüber du springen oder den Hals brechen musst? – Beim Herzog, du Dummkopf? – Versuch es, wenn du, lebendig tot, eine Turmhöhe tief unter dem Boden im Kerker liegst, wo die Nacht mit der Hölle liebäugelt und Schall und Licht wieder umkehren – rassle dann mit deinen Ketten und wimmre: Mir ist zu viel geschehen!

30 **SIEBENTE SZENE**

Gerichtsdiener. Die Vorigen.

FERDINAND (eilt auf Luisen zu, die ihm halb tot in den Arm fällt): Luise! Hilfe! Rettung! Der Schrecken überwältigte sie!

MILLER (ergreift sein spanisches Rohr, setzt den Hut auf und macht
35 sich zum Angriff gefasst).

FRAU (wirft sich auf die Knie vor dem Präsident).

PRÄSIDENT (zu den Gerichtsdienern, seinen Orden entblößend): Legt Hand an im Namen des Herzogs – Weg von der Metze, Junge – Ohnmächtig oder nicht – wenn sie nur erst das eiserne Halsband
40 umhat, wird man sie schon mit Steinwürfen aufwecken.

FRAU: Erbarmung, Ihro Exzellenz! Erbarmung! Erbarmung!

MILLER (reißt seine Frau in die Höhe): Knie vor Gott, alte Heulhure, und nicht vor – – Schelmen, weil ich ja doch schon ins Zuchthaus muss.

PRÄSIDENT (beißt die Lippen): Du kannst dich verrechnen, Bube. Es stehen noch Galgen leer! (Zu den Gerichtsdienern.) Muss ich es noch einmal sagen?

GERICHTSDIENER (dringen auf Luisen ein).

5 FERDINAND (springt an ihr auf und stellt sich vor sie, grimmig): Wer will was? (Er zieht den Degen samt der Scheide und wehrt sich mit dem Gefäß.) Wag es, sie anzurühren, wer nicht auch die Hirnschale an die Gerichte vermietet hat. (Zum Präsident.) Schonen Sie Ihrer selbst. Treiben Sie mich nicht weiter, mein Vater.

10 PRÄSIDENT (drohend zu den Gerichtsdienern): Wenn euch euer Brot lieb ist, Memmen –

GERICHTSDIENER (greifen Luisen wieder an).

FERDINAND: Tod und alle Teufel! Ich sage: Zurück – Noch einmal. Haben Sie Erbarmen mit sich selbst. Treiben Sie mich nicht aufs
15 Äußerste, Vater.

PRÄSIDENT (aufgebracht zu den Gerichtsdienern): Ist das euer Diensteifer, Schurken?

GERICHTSDIENER (greifen hitziger an).

FERDINAND: Wenn es denn sein muss (indem er den Degen zieht
20 und einige von denselben verwundet), so verzeih mir, Gerechtigkeit!

PRÄSIDENT (voll Zorn): Ich will doch sehen, ob auch ich diesen Degen fühle. (Er faßt Luisen selbst, zerrt sie in die Höh und übergibt sie einem Gerichtsknecht.)

FERDINAND (lacht erbittert): Vater, Vater, Sie machen hier ein
25 beißendes Pasquill auf die Gottheit, die sich so übel auf ihre Leute verstund und aus vollkommenen Henkersknechten schlechte Minister machte.

PRÄSIDENT (zu den Übrigen): Fort mit ihr!

FERDINAND: Vater, sie soll an dem Pranger stehn, aber mit dem
30 Major, des Präsidenten Sohn – Bestehen Sie noch darauf?

PRÄSIDENT: Desto possierlicher wird das Spektakel – Fort!

FERDINAND: Vater! ich werfe meinen Offiziersdegen auf das Mädchen – Bestehen Sie noch darauf?

PRÄSIDENT: Das Portepee ist an deiner Seite des Prangerstehens
35 gewohnt worden – Fort! Fort! Ihr wisst meinen Willen.

FERDINAND (drückt einen Gerichtsdiener weg, fasst Luisen an einem Arm, mit dem andern zückt er den Degen auf sie): Vater! Eh Sie meine Gemahlin beschimpfen, durchstoß ich sie – Bestehen Sie noch darauf?

40 PRÄSIDENT: Tu es, wenn deine Klinge noch spitzig ist.

FERDINAND (lässt Luisen fahren und blickt fürchterlich zum Himmel): Du, Allmächtiger, bist Zeuge! Kein menschliches Mittel ließ ich unversucht – ich muss zu einem teuflischen schreiten – Ihr

führt sie zum Pranger fort, unterdessen (zum Präsidenten, ins Ohr
rufend) erzähl ich der Residenz eine Geschichte, wie man Präsident
wird. (Ab.)

PRÄSIDENT (wie vom Blitz gerührt): Was ist das? – Ferdinand –
5   Lasst sie ledig! (Er eilt dem Major nach.)

Dritter Akt

ERSTE SZENE

Saal beim Präsidenten.

Der Präsident und Sekretär Wurm kommen.

5 PRÄSIDENT: Der Streich war verwünscht.

WURM: Wie ich befürchtete, gnädiger Herr. Zwang erbittert die Schwärmer immer, aber bekehrt sie nie.

PRÄSIDENT: Ich hatte mein bestes Vertrauen in diesen Anschlag gesetzt. Ich urteilte so: Wenn das Mädchen beschimpft wird, muss er,
10 als Offizier, zurücktreten.

WURM: Ganz vortrefflich. Aber zum Beschimpfen hätt es auch kommen sollen.

PRÄSIDENT: Und doch – wenn ich es jetzt mit kaltem Blut überdenke – Ich hätte mich nicht sollen eintreiben lassen. Es war eine
15 Drohung, woraus er wohl nimmermehr Ernst gemacht hätte.

WURM: Das denken Sie ja nicht. Der gereizten Leidenschaft ist keine Torheit zu bunt. Sie sagen mir, der Herr Major habe immer den Kopf zu Ihrer Regierung geschüttelt. Ich glaub's. Die Grundsätze, die er aus Akademien hieher brachte, wollten mir gleich nicht recht einleuchten.
20 Was sollten auch die phantastischen Träumereien von Seelengröße und persönlichem Adel an einem Hof, wo die größte Weisheit diejenige ist, im rechten Tempo, auf eine geschickte Art, groß und klein zu sein. Er ist zu jung und zu feurig, um Geschmack am langsamen krummen Gang der Kabale zu finden, und nichts wird
25 seine Ambition in Bewegung setzen, als was groß ist und abenteuerlich.

PRÄSIDENT (verdrüsslich): Aber was wird diese wohlweise Anmerkung an unserm Handel verbessern?

WURM: Wie wird Euer Exzellenz auf die Wunde hinweisen und auch
30 vielleicht auf den Verband. Einen solchen Charakter – erlauben Sie – hätte man entweder nie zum Vertrauten, oder niemals zum Feind machen sollen. Er verabscheut das Mittel, wodurch Sie gestiegen sind. Vielleicht war es bis jetzt nur der Sohn, der die Zunge des Verräters band. Geben Sie ihm Gelegenheit, jenen rechtmäßig abzuschütteln;
35 machen Sie ihn durch wiederholte Stürme auf seine Leidenschaft glauben, dass Sie der zärtliche Vater nicht sind, so dringen die Pflichten des Patrioten bei ihm vor. Ja, schon allein die seltsame Phantasie, der Gerechtigkeit ein so merkwürdiges Opfer zu bringen, könnte Reiz genug für ihn haben, selbst seinen Vater zu stürzen.

40 PRÄSIDENT: Wurm – Wurm – Er führt mich da vor einen entsetzlichen Abgrund.

WURM: Ich will Sie zurückführen, gnädiger Herr. Darf ich freimütig reden?

PRÄSIDENT (indem er sich niedersetzt): Wie ein Verdammter zum Mitverdammten.

5 WURM: Also verzeihen Sie – Sie haben, dünkt mich, der biegsamen Hofkunst den ganzen Präsidenten zu danken, warum vertrauen Sie ihr nicht auch den Vater an? Ich besinne mich, mit welcher Offenheit Sie Ihren Vorgänger damals zu einer Partie Piquet beredeten und bei ihm die halbe Nacht mit freundschaftlichem Burgunder 10 hinwegschwemmten, und das war doch die nämliche Nacht, wo die große Mine losgehen und den guten Mann in die Luft blasen sollte – Warum zeigten Sie Ihrem Sohne den Feind? Nimmermehr hätte dieser erfahren sollen, dass ich um seine Liebesangelegenheit wisse. Sie hätten den Roman von Seiten des Mädchens unterhöhlt und das Herz 15 Ihres Sohnes behalten. Sie hätten den klugen General gespielt, der den Feind nicht am Kern seiner Truppen fasst, sondern Spaltungen unter den Gliedern stiftet.

PRÄSIDENT: Wie war das zu machen?

WURM: Auf die einfachste Art – und die Karten sind noch nicht ganz 20 vergeben. Unterdrücken Sie eine Zeit lang, dass Sie Vater sind. Messen Sie sich mit einer Leidenschaft nicht, die jeder Widerstand nur mächtiger machte – Überlassen Sie es mir, an ihrem eigenen Feuer den Wurm auszubrüten, der sie zerfrisst.

PRÄSIDENT: Ich bin begierig.

25 WURM: Ich müsste mich schlecht auf den Barometer der Seele verstehen, oder der Herr Major ist in der Eifersucht schrecklich wie in der Liebe. Machen Sie ihm das Mädchen verdächtig – – Wahrscheinlich oder nicht. Ein Gran Hefe reicht hin, die ganze Masse in eine zerstörende Gärung zu jagen.

30 PRÄSIDENT: Aber woher diesen Gran nehmen?

WURM: Da sind wir auf dem Punkt – Vor allen Dingen, gnädiger Herr, erklären Sie sich mir, wie viel Sie bei der ferneren Weigerung des Majors auf dem Spiel haben – in welchem Grade es Ihnen wichtig ist, den Roman mit dem Bürgermädchen zu endigen und die 35 Verbindung mit Lady Milford zustand zu bringen?

PRÄSIDENT: Kann Er noch fragen, Wurm? – Mein ganzer Einfluß ist in Gefahr, wenn die Partie mit der Lady zurückgeht, und wenn ich den Major zwinge, mein Hals.

WURM (munter): Jetzt haben Sie die Gnade und hören. – Den Herrn 40 Major umspinnen wir mit List. Gegen das Mädchen nehmen wir Ihre ganze Gewalt zu Hilfe. Wir diktieren ihr ein Billetdoux an eine dritte Person in die Feder und spielen das mit guter Art dem Major in die Hände.

PRÄSIDENT: Toller Einfall! Als ob sie sich so geschwind hin 45 bequemen würde, ihr eigenes Todesurteil zu schreiben?

38

Dritter Akt, 1. Szene

WURM: Sie muss, wenn Sie mir freie Hand lassen wollen. Ich kenne das gute Herz auf und nieder. Sie hat nicht mehr als zwo tödliche Seiten, durch welche wir ihr Gewissen bestürmen können – ihren Vater und den Major. Der Letztere bleibt ganz und gar aus dem Spiel,
5 desto freier können wir mit dem Musikanten umspringen.

PRÄSIDENT: Als zum Exempel?

WURM: Nach dem, was Euer Exzellenz mir von dem Auftritt in seinem Hause gesagt haben, wird nichts leichter sein, als den Vater mit einem Halsprozess zu bedrohen. Die Person des Günstlings und
10 Siegelbewahrers ist gewissermaßen der Schatten der Majestät – Beleidigungen gegen jenen sind Verletzungen dieser – Wenigstens will ich den armen Schächer mit diesem zusammengeflickten Kobold durch ein Nadelöhr jagen.

PRÄSIDENT: Doch – ernsthaft dürfte der Handel nicht werden.

15 WURM: Ganz und gar nicht – Nur insoweit als es nötig ist, die Familie in die Klemme zu treiben – Wir setzen also in aller Stille den Musikus fest – Die Not um so dringender zu machen, könnte man auch die Mutter mitnehmen – sprechen von peinlicher Anklage, von Schaffot, von ewiger Festung, und machen den Brief der Tochter zur
20 einzigen Bedingnis seiner Befreiung.

PRÄSIDENT: Gut! Gut! Ich verstehe.

WURM: Sie liebt ihren Vater – bis zur Leidenschaft möcht ich sagen. Die Gefahr seines Lebens – seiner Freiheit zum mindesten – die Vorwürfe ihres Gewissens, den Anlass dazu gegeben zu haben – Die
25 Unmöglichkeit, den Major zu besitzen – endlich die Betäubung ihres Kopfs, die ich auf mich nehme – Es kann nicht fehlen – sie muss in die Falle gehn.

PRÄSIDENT: Aber mein Sohn? Wird er nicht auf der Stelle Wind davon haben? Wird er nicht wütender werden?

30 WURM: Das lassen Sie meine Sorge sein, gnädiger Herr – Vater und Mutter werden nicht eher freigelassen, bis die ganze Familie einen körperlichen Eid darauf abgelegt, den ganzen Vorgang geheim zu halten und den Betrug zu bestätigen.

PRÄSIDENT: Einen Eid? Was wird ein Eid fruchten, Dummkopf?

35 WURM: Nichts bei uns, gnädiger Herr. Bei dieser Menschenart alles – Und sehen Sie nun, wie schön wir beide auf diese Manier zum Ziel kommen werden – Das Mädchen verliert die Liebe des Majors und den Ruf ihrer Tugend. Vater und Mutter ziehen gelindere Saiten auf, und durch und durch weich gemacht von Schicksalen dieser Art,
40 erkennen sie's noch zuletzt für Erbarmung, wenn ich der Tochter durch meine Hand ihre Reputation wieder gebe.

PRÄSIDENT (lacht unter Kopfschütteln): Ja! ich gebe mich dir überwunden, Schurke. Das Geweb ist satanisch fein. Der Schüler übertrifft seinen Meister – – Nun ist die Frage, an wen das Billet muss
45 gerichtet werden? Mit wem wir sie in Verdacht bringen müssen?

39

WURM: Notwendig mit jemand, der durch den Entschluss Ihres Sohnes alles gewinnen oder alles verlieren muss.

WURM (nach einigem Nachdenken): Ich weiß nur den Hofmarschall.

WURM (zuckt die Achseln): Mein Geschmack wär es nun freilich
5 nicht, wenn ich Luise Millerin hieße.

PRÄSIDENT: Und warum nicht? Wunderlich! Eine blendende Garderobe – eine Atmosphäre von Eau de mille fleurs und Bisam – und jedes alberne Wort eine Handvoll Dukaten – und alles das sollte die Delikatesse einer bürgerlichen Dirne nicht endlich bestechen
10 können? O guter Freund. so skrupulös ist die Eifersucht nicht. Ich schicke zum Marschall. (Klingelt.)

WURM: Unterdessen, dass Euer Exzellenz dieses und die Gefangennehmung des Geigers besorgen, werd ich hingehen und den bewussten Liebesbrief aufsetzen.

15 PRÄSIDENT (zum Schreibpult gehend): Den Er mir zum Durchlesen heraufbringt, sobald er zustand sein wird. (Wurm geht ab. Der Präsident setzt sich zu schreiben; ein Kammerdiener kommt; er steht auf und gibt ihm ein Papier.) Dieser Verhaftsbefehl muss ohne Aufschub in die Gerichte – ein andrer von euch wird den
20 Hofmarschall zu mir bitten.

KAMMERDIENER: Der gnädige Herr sind soeben hier angefahren.

PRÄSIDENT: Noch besser – aber die Anstalten sollen mit Vorsicht getroffen werden, sagt ihr, dass kein Aufstand erfolgt.

KAMMERDIENER: Sehr wohl, Ihr' Excellenz.

25 PRÄSIDENT: Versteht ihr? Ganz in der Stille.

KAMMERDIENER: Ganz gut, Ihr' Excellenz. (Ab.)

ZWEITE SZENE

Der Präsident und der Hofmarschall.

HOFMARSCHALL (eilfertig): Nur en passant, mein Bester. – Wie
30 leben Sie? Wie befinden Sie sich? – Heute Abend ist große Opera Dido – das süperbeste Feuerwerk – eine ganze Stadt brennt zusammen – Sie sehen sie doch auch brennen? Was?

PRÄSIDENT: Ich habe Feuerwerk genug in meinem eigenen Hause, das meine ganze Herrlichkeit in die Luft nimmt – Sie kommen
35 erwünscht, lieber Marschall, mir in einer Sache zu raten, tätig zu helfen, die uns beide poussiert oder völlig zugrund richtet. Setzen Sie sich.

HOFMARSCHALL: Machen Sie mir nicht Angst, mein Süßer.

PRÄSIDENT: Wie gesagt – poussiert oder ganz zugrund richtet. Sie
40 wissen mein Projekt mit dem Major und der Lady. Sie begreifen auch, wie unentbehrlich es war, unser beider Glück zu fixieren. Es kann alles zusammenfallen, Kalb. Mein Ferdinand will nicht.

Dritter Akt, 2. Szene

HOFMARSCHALL: Will nicht – will nicht – ich hab's ja in der ganzen Stadt schon herumgesagt. Die Mariage ist ja in jedermanns Munde.

PRÄSIDENT: Sie können vor der ganzen Stadt als Windmacher
5 dastehen. Er liebt eine andere.

HOFMARSCHALL: Sie scherzen. Ist das auch wohl ein Hindernis?

PRÄSIDENT: Bei dem Trotzkopf das unüberwindlichste.

HOFMARSCHALL: Er sollte so wahnsinnig sein und sein Fortune von sich stoßen? Was?

10 PRÄSIDENT: Fragen Sie ihn das und hören Sie, was er antwortet.

HOFMARSCHALL: Aber, mon Dieu! Was kann er denn antworten?

PRÄSIDENT: Dass er der ganzen Welt das Verbrechen entdecken wolle, wodurch wir gestiegen sind – dass er unsere falschen Briefe und Quittungen angeben – dass er uns beide ans Messer liefern wolle
15 – Das kann er antworten.

HOFMARSCHALL: Sind Sie von Sinnen?

PRÄSIDENT: Das hat er geantwortet. Das war er schon willens ins Werk zu richten – Davon hab ich ihn kaum noch durch meine höchste Erniedrigung abgebracht. Was wissen Sie hierauf zu sagen?

20 HOFMARSCHALL (mit einem Schafsgesicht): Mein Verstand steht still.

PRÄSIDENT: Das könnte noch hingehen. Aber zugleich hinterbringen mir meine Spionen, dass der Oberschenk von Bock auf dem Sprunge sei, um die Lady zu werben.

25 HOFMARSCHALL: Sie machen mich rasend. Wer sagen Sie? von Bock sagen Sie? – Wissen Sie denn auch, dass wir Todfeinde zusammen sind? Wissen Sie auch, warum wir es sind?

PRÄSIDENT: Das erste Wort, das ich höre.

HOFMARSCHALL: Bester! Sie werden hören und aus der Haut
30 werden Sie fahren – Wenn Sie sich noch des Hofballs entsinnen – – es geht jetzt ins einundzwanzigste Jahr – wissen Sie, worauf man den ersten Englischen tanzte, und dem Grafen von Meerschaum das heiße Wachs von einem Kronleuchter auf den Domino tröpfelte – Ach Gott! das müssen Sie freilich noch wissen!

35 PRÄSIDENT: Wer könnte so was vergessen?

HOFMARSCHALL: Sehen Sie! Da hatte Prinzessin Amalie in der Hitze des Tanzes ein Strumpfband verloren. – Alles kommt, wie begreiflich ist, in Alarm – von Bock und ich – wir waren noch Kammerjunker – wir kriechen durch den ganzen Redoutensaal, das
40 Strumpfband zu suchen – endlich erblick ich's – von Bock merkt's – von Bock darauf zu, reißt es mir aus den Händen – ich bitte Sie! – bringt's der Prinzessin und schnappt mir glücklich das Kompliment weg – Was denken Sie?

PRÄSIDENT: Impertinent!

41

HOFMARSCHALL: Schnappt mir das Kompliment weg – Ich meine in Ohnmacht zu sinken. Eine solche Malice ist gar nicht erlebt worden. – Endlich ermann ich mich, nähere mich Ihrer Durchlaucht und spreche: Gnädigste Frau! von Bock war so glücklich,
5 Höchstdenenselben das Strumpfband zu überreichen, aber wer das Strumpfband zuerst erblickte, belohnt sich in der Stille und schweigt.

PRÄSIDENT: Bravo, Marschall! Bravissimo!

HOFMARSCHALL: Und schweigt – Aber ich werd's dem von Bock bis zum jüngsten Gerichte noch nachtragen – der niederträchtige,
10 kriechende Schmeichler! – Und das war noch nicht genug – wie wir beide zugleich auf das Strumpfband zu Boden fallen, wischt mir von Bock an der rechten Frisur allen Puder weg, und ich bin ruiniert auf den ganzen Ball.

PRÄSIDENT: Das ist der Mann, der die Milford heuraten und die
15 erste Person am Hof werden wird.

HOFMARSCHALL: Sie stoßen mir ein Messer ins Herz. Wird? Wird? Warum wird er? Wo ist die Notwendigkeit?

PRÄSIDENT: Weil mein Ferdinand nicht will und sonst keiner sich meldet.

20 HOFMARSCHALL: Aber wissen Sie denn gar kein einziges Mittel, den Major zum Entschluss zu bringen? – – Sei's auch noch so bizarr! so verzweifelt! – Was in der Welt kann so widrig sein, das uns jetzt nicht willkommen wäre, den verhassten von Bock auszustechen?

PRÄSIDENT: Ich weiß nur eines, und das bei Ihnen steht.

25 HOFMARSCHALL: Bei mir steht? Und das ist?

PRÄSIDENT: Den Major mit seiner Geliebten zu entzweien.

HOFMARSCHALL: Zu entzweien? Wie meinen Sie das? – und wie mach ich das?

PRÄSIDENT: Alles ist gewonnen, sobald wir ihm das Mädchen
30 verdächtig machen.

HOFMARSCHALL: Dass sie stehle, meinen Sie?

PRÄSIDENT: Ach nein doch! Wie glaubte er das? – dass sie es noch mit einem andern habe.

HOFMARSCHALL: Dieser andre?

35 PRÄSIDENT: Müssten Sie sein, Baron.

HOFMARSCHALL: Ich sein? Ich? – Ist sie von Adel?

PRÄSIDENT: Wozu das? Welcher Einfall! – eines Musikanten Tochter.

HOFMARSCHALL: Bürgerlich also? Das wird nicht angehen. Was?

40 PRÄSIDENT: Was wird nicht angehen? Narrenspossen! Wem unter der Sonne wird es einfallen, ein paar runde Wangen nach dem Stammbaum zu fragen?

42

HOFMARSCHALL: Aber bedenken Sie doch, ein Ehmann! Und meine Reputation bei Hofe.

PRÄSIDENT: Das ist was anders. Verzeihen Sie. Ich habe das noch nicht gewusst, dass Ihnen der Mann von unbescholtenen Sitten mehr ist als der von Einfluss. Wollen wir abbrechen?

HOFMARSCHALL: Seien Sie klug, Baron. Es war ja nicht so verstanden.

PRÄSIDENT (frostig): Nein – nein! Sie haben vollkommen Recht. Ich bin es auch müde. Ich lasse den Karren stehen. Dem von Bock wünsch ich Glück zum Premierminister. Die Welt ist noch anderswo. Ich fordre meine Entlassung vom Herzog.

HOFMARSCHALL: Und ich? – Sie haben gut schwatzen, Sie! Sie sind ein Stuttierter! Aber ich? – Mon Dieu! – was bin dann ich, wenn mich Seine Durchleucht entlassen?

PRÄSIDENT: Ein Bonmot von vorgestern. Die Mode vom vorigen Jahr.

HOFMARSCHALL: Ich beschwöre Sie, Teurer, Goldner! – Ersticken Sie diesen Gedanken! Ich will mir ja alles gefallen lassen.

PRÄSIDENT: Wollen Sie Ihren Namen zu einem Rendezvous hergeben, den Ihnen diese Millerin schriftlich vorschlagen soll?

HOFMARSCHALL: Im Namen Gottes! Ich will ihn hergeben.

PRÄSIDENT: Und den Brief irgendwo herausfallen lassen, wo er dem Major zu Gesicht kommen muss?

HOFMARSCHALL: Zum Exempel auf der Parade will ich ihn, als von ongefähr, mit dem Schnupftuch heraus schleudern.

PRÄSIDENT: Und die Rolle ihres Liebhabers gegen den Major behaupten?

HOFMARSCHALL: Mort de ma vie! Ich will ihn schon waschen! Ich will dem Naseweis den Appetit nach meinen Amouren verleiden.

PRÄSIDENT: Nun geht's nach Wunsch. Der Brief muss noch heute geschrieben sein. Sie müssen vor Abend noch herkommen, ihn abzuholen und Ihre Rolle mit mir zu berichtigen.

HOFMARSCHALL: Sobald ich sechzehn Visiten werde gegeben haben, die von allerhöchster Importance sind. Verzeihen Sie also, wenn ich mich ohne Aufschub beurlaube. (Geht.)

PRÄSIDENT (klingelt): Ich zähle auf Ihre Verschlagenheit, Marschall.

HOFMARSCHALL (ruft zurück): Ah, mon Dieu! – Sie kennen mich ja.

DRITTE SZENE

Der Präsident und Wurm.

WURM: Der Geiger und seine Frau sind glücklich und ohne alles Geräusch in Verhaft gebracht. Wollen Euer Exzellenz jetzt den Brief
5 überlesen?

PRÄSIDENT (nachdem er gelesen): Herrlich! herrlich, Sekretär! Auch der Marschall hat angebissen! – Ein Gift wie das müsste die Gesundheit selbst in eiternden Aussatz verwandeln – Nun gleich mit den Vorschlägen zum Vater, und dann warm zu der Tochter. (Gehn ab
10 zu verschiedenen Seiten.)

VIERTE SZENE

Zimmer in Millers Wohnung.

Luise und Ferdinand.

LUISE: Ich bitte dich, höre auf. Ich glaube an keine glücklichen Tage
15 mehr. Alle meine Hoffnungen sind gesunken.

FERDINAND: So sind die meinigen gestiegen. Mein Vater ist aufgereizt. Mein Vater wird alle Geschütze gegen uns richten. Er wird mich zwingen, den unmenschlichen Sohn zu machen. Ich stehe nicht mehr für meine kindliche Pflicht. Wut und Verzweiflung werden mir
20 das schwarze Geheimnis seiner Mordtat erpressen. Der Sohn wird den Vater in die Hände des Henkers liefern – Es ist die höchste Gefahr – – und die höchste Gefahr musste da sein, wenn meine Liebe den Riesensprung wagen sollte. – – Höre, Luise – Ein Gedanke, groß und vermessen wie meine Leidenschaft, drängt sich vor meine Seele – Du,
25 Luise, und ich und die Liebe! – liegt nicht in diesem Zirkel der ganze Himmel? oder brauchst du noch etwas Viertes dazu?

LUISE: Brich ab. Nichts mehr. Ich erblasse über das, was du sagen willst.

FERDINAND: Haben wir an die Welt keine Forderung mehr, warum
30 denn ihren Beifall erbetteln? Warum wagen, wo nichts gewonnen wird und alles verloren werden kann? – Wird dieses Aug nicht eben so schmelzend funkeln, ob es im Rhein oder in der Elbe sich spiegelt oder im baltischen Meer? Mein Vaterland ist, wo mich Luise liebt. Deine Fußtapfe in wilden sandigten Wüsten mir interessanter als das
35 Münster in meiner Heimat – Werden wir die Pracht der Städte vermissen? Wo wir sein mögen, Luise, geht eine Sonne auf, eine unter – Schauspiele, neben welchen der üppigste Schwung der Künste verblasst. Werden wir Gott in keinem Tempel mehr dienen, so ziehet die Nacht mit begeisterndem Schauern auf, der wechselnde Mond
40 predigt uns Buße, und eine andächtige Kirche von Sternen betet mit uns. Werden wir uns in Gesprächen der Liebe erschöpfen? – Ein Lächeln meiner Luise ist Stoff für Jahrhunderte, und der Traum des Lebens ist aus, bis ich diese Träne ergründe.

LUISE: Und hättest du sonst keine Pflicht mehr als deine Liebe?

FERDINAND (sie umarmend): Deine Ruhe ist meine heiligste.

LUISE (sehr ernsthaft): So schweig und verlass mich – Ich habe einen
Vater, der kein Vermögen hat als diese einzige Tochter – der morgen
5 sechzig alt wird – der der Rache des Präsidenten gewiss ist. –

FERDINAND (fällt rasch ein): Der uns begleiten wird. Darum keinen
Einwurf mehr, Liebe. Ich gehe, mache meine Kostbarkeiten zu Geld,
erhebe Summen auf meinen Vater. Es ist erlaubt, einen Räuber zu
plündern, und sind seine Schätze nicht Blutgeld des Vaterlands? –
10 Schlag ein Uhr um Mitternacht wird ein Wagen hier anfahren. Ihr
werft euch hinein. Wir fliehen.

LUISE: Und der Fluch deines Vaters uns nach? – ein Fluch,
Unbesonnener, den auch Mörder nie ohne Erhörung aussprechen, den
die Rache des Himmels auch dem Dieb auf dem Rade hält, der uns
15 Flüchtlinge unbarmherzig wie ein Gespenst von Meer zu Meer jagen
würde? – Nein, mein Geliebter! Wenn nur ein Frevel dich mir erhalten
kann, so hab ich noch Stärke, dich zu verlieren.

FERDINAND (steht still und murmelt düster): Wirklich?

LUISE: Verlieren! – O ohne Grenzen entsetzlich ist der Gedanke –
20 Grässlich genug, den unsterblichen Geist zu durchbohren und die
glühende Wange der Freude zu bleichen – Ferdinand! dich zu
verlieren! Doch! Man verliert ja nur, was man besessen hat, und dein
Herz gehört deinem Stande – Mein Anspruch war Kirchenraub, und
schaudernd geb ich ihn auf.

25 FERDINAND (das Gesicht verzerrt und an der Unterlippe nagend):
Gibst du ihn auf?

LUISE: Nein! Sieh mich an, lieber Walter. Nicht so bitter die Zähne
geknirscht. Komm! Lass mich jetzt deinen sterbenden Mut durch mein
Beispiel beleben. Lass mich die Heldin dieses Augenblicks sein –
30 einem Vater den entflohenen Sohn wieder schenken – einem Bündnis
entsagen, das die Fugen der Bürgerwelt auseinander treiben und die
allgemeine ewige Ordnung zugrund stürzen würde – Ich bin die
Verbrecherin – mit frechen, törichten Wünschen hat sich mein Busen
getragen – mein Unglück ist meine Strafe, so lass mir doch jetzt die
35 süße, schmeichelnde Täuschung, dass es mein Opfer war – Wirst du
mir diese Wollust missgönnen?

FERDINAND (hat in der Zerstreuung und Wut eine Violine ergriffen
und auf derselben zu spielen versucht – Jetzt zerreißt er die Saiten,
zerschmettert das Instrument auf dem Boden und bricht in ein lautes
40 Gelächter aus):

LUISE: Walter! Gott im Himmel! Was soll das? – Ermanne dich. –
Fassung verlangt diese Stunde – es ist eine trennende. Du hast ein
Herz, lieber Walter. Ich kenne es. – Warm wie das Leben ist deine
Liebe und ohne Schranken wie das Unermessliche – Schenke sie einer
45 Edeln und Würdigern – sie wird die Glücklichsten ihres Geschlechts
nicht beneiden – – (Tränen unterdrückend.) Mich sollst du nicht mehr
sehn – Das eitle betrogene Mädchen verweine seinen Gram in

einsamen Mauren, um seine Tränen wird sich niemand bekümmern –
Leer und erstorben ist meine Zukunft – Doch werd ich noch je und je
am verwelkten Strauß der Vergangenheit riechen. (Indem sie ihm mit
abgewandtem Gesicht ihre zitternde Hand gibt.) Leben Sie wohl, Herr
5   von Walter.

FERDINAND (springt aus seiner Betäubung auf): Ich entfliehe, Luise.
Wirst du mir wirklich nicht folgen?

LUISE (hat sich im Hintergrund des Zimmers niedergesetzt und hält
das Gesicht mit beiden Händen bedeckt): Meine Pflicht heißt mich
10   bleiben und dulden.

FERDINAND: Schlange, du lügst. Dich fesselt was anders hier.

LUISE (im Ton des tiefsten inwendigen Leidens): Bleiben Sie bei
dieser Vermutung – sie macht vielleicht weniger elend.

FERDINAND: Kalte Pflicht gegen feurige Liebe! – Und mich soll das
15   Märchen blenden? Ein Liebhaber fesselt dich, und Weh über dich und
ihn, wenn mein Verdacht sich bestätigt! (Geht schnell ab.)

FÜNFTE SZENE

Luise allein.

(Sie bleibt noch eine Zeit lang ohne Bewegung und stumm in dem
20   Sessel liegen, endlich steht sie auf, kommt vorwärts und sieht
furchtsam herum.)

LUISE: Wo meine Eltern bleiben? – Mein Vater versprach, in
wenigen Minuten zurück zu sein, und schon sind fünf volle
fürchterliche Stunden vorüber – Wenn ihm ein Unfall – wie wird mir?
25   – Warum geht mein Odem so ängstlich?

(Jetzt tritt Wurm in das Zimmer und bleibt im Hintergrund stehen,
ohne von ihr bemerkt zu werden.)

Es ist nichts Wirkliches – Es ist nichts als das schaudernde
Gaukelspiel des erhitzten Gebltüs – Hat unsre Seele nur einmal
30   Entsetzen genug in sich getrunken, so wird das Aug in jedem Winkel
Gespenster sehn.

SECHSTE SZENE

Luise und Secretär Wurm.

WURM (kommt näher): Guten Abend, Jungfer.

35   LUISE: Gott! Wer spricht da? (Sie dreht sich um, wird den Sekretär
gewahr und tritt erschrocken zurück.) Schrecklich! Schrecklich!
Meiner ängstlichen Ahnung eilt schon die unglückseligste Erfüllung
nach! (Zum Sekretär mit einem Blick voll Verachtung.) Suchen Sie
etwa den Präsidenten? Er ist nicht mehr da.

40   WURM: Jungfer, ich suche Sie.

LUISE: So muss ich mich wundern, dass Sie nicht nach dem Marktplatz gingen.

WURM: Warum eben dahin?

LUISE: Ihre Braut von der Schaubühne abzuholen.

5 WURM: Mamsell Millerin, Sie haben einen falschen Verdacht –

LUISE (unterdrückt eine Antwort): Was steht Ihnen zu Diensten?

WURM: Ich komme, geschickt von Ihrem Vater.

LUISE (bestürzt): Von meinem Vater? – Wo ist mein Vater?

WURM: Wo er nicht gern ist.

10 LUISE: Um Gotteswillen! Geschwind! Mich befällt eine üble Ahnung – Wo ist mein Vater?

WURM: Im Turm, wenn Sie es ja wissen wollen.

LUISE (mit einem Blick zum Himmel): Das noch! das auch noch! – Im Turm? Und warum im Turm?

15 WURM: Auf Befehl des Herzogs.

LUISE: Des Herzogs?

WURM: Der die Verletzung der Majestät in der Person seines Stellvertreters –

LUISE: Was? Was? O ewige Allmacht!

20 WURM: Auffallend zu ahnden beschlossen hat.

LUISE: Das war noch übrig! Das! – freilich, freilich, mein Herz hatte noch außer dem Major etwas Teures – das durfte nicht übergangen werden – Verletzung der Majestät – Himmlische Vorsicht! Rette, o rette meinen sinkenden Glauben! – Und Ferdinand?

25 WURM: Wählt Lady Milford oder Fluch und Enterbung.

LUISE: Entsetzliche Freiheit! – und doch – doch ist er glücklicher. Er hat keinen Vater zu verlieren. Zwar keinen haben ist Verdammnis genug! – Mein Vater auf Verletzung der Majestät – mein Geliebter die Lady oder Fluch und Enterbung – Wahrlich bewundernswert! Eine

30 vollkommene Büberei ist auch eine Vollkommenheit – Vollkommenheit? Nein! dazu fehlte noch etwas – – Wo ist meine Mutter?

WURM: Im Spinnhaus.

LUISE (mit schmerzvollem Lächeln): Jetzt ist es völlig! – völlig, und

35 jetzt wär ich ja frei – Abgeschält von allen Pflichten – und Tränen – und Freuden. Abgeschält von der Vorsicht. Ich brauch sie ja nicht mehr – (Schreckliches Stillschweigen.) Haben Sie vielleicht noch eine Zeitung? Reden Sie immerhin. Jetzt kann ich alles hören.

WURM: Was geschehen ist, wissen Sie.

40 LUISE: Also nicht, was noch kommen wird? (Wiederum Pause, worin sie den Sekretär von oben bis unten ansieht.) Armer Mensch! du

treibst ein trauriges Handwerk, wobei du unmöglich selig werden kannst. Unglückliche machen, ist schon schrecklich genug, aber grässlich ist's, es ihnen verkündigen – ihn vorzusingen, den Eulengesang, dabeizustehn, wenn das blutende Herz am eisernen
5 Schaft der Notwendigkeit zittert und Christen an Gott zweifeln. – Der Himmel bewahre mich! und würde dir jeder Angsttropfe, den du fallen siehst, mit einer Tonne Golds aufgewogen – ich möchte nicht du sein – – Was kann noch geschehen?

WURM: Ich weiß nicht.

10 LUISE: Sie wollen nicht wissen? – Diese lichtscheue Botschaft fürchtet das Geräusch der Worte, aber in der Grabstille Ihres Gesichts zeigt sich mir das Gespenst – Was ist noch übrig – Sie sagten vorhin, der Herzog wollte es auffallend ahnden? Was nennen Sie auffallend?

WURM: Fragen Sie nichts mehr.

15 LUISE: Höre, Mensch! Du gingst beim Henker zur Schule. Wie verstündest du sonst, das Eisen erst langsam-bedächtlich an den knirschenden Gelenken hinaufzuführen und das zuckende Herz mit dem Streich der Erbarmung zu necken? – Welches Schicksal wartet auf meinen Vater? Es ist Tod in dem, was du lachend sagst, wie mag
20 das aussehen, was du an dich hältst? Sprich es aus. Lass mich sie auf einmal haben, die ganze zermalmende Ladung. Was wartet auf meinen Vater?

WURM: Ein Kriminalprozess.

LUISE: Was ist aber das? – Ich bin ein unwissendes unschuldiges
25 Ding, verstehe mich wenig auf eure fürchterliche lateinische Wörter. Was heißt Kriminalprozess?

WURM: Gericht um Leben und Tod.

LUISE (standhaft): So dank ich Ihnen! (Sie eilt schnell in ein Seitenzimmer.)

30 WURM (steht betroffen da): Wo will das hinaus? Sollte die Närrin etwa? – Teufel! sie wird doch nicht – Ich eile nach – ich muss für ihr Leben bürgen. (Im Begriff, ihr zu folgen.)

LUISE (kommt zurück, einen Mantel umgeworfen): Verzeihen Sie, Sekretär. Ich schließe das Zimmer.

35 WURM: Und wohin denn so eilig?

LUISE: Zum Herzog. (Will fort.)

WURM: Was? Wohin? (Er hält sie erschrocken zurück.)

LUISE: Zum Herzog. Hören Sie nicht? Zu eben dem Herzog, der meinen Vater auf Tod und Leben will richten lassen – Nein! Nicht
40 will – muss richten lassen, weil einige Böswichter wollen; der zu dem ganzen Prozess der beleidigten Majestät nichts hergibt als eine Majestät und seine fürstliche Handschrift.

WURM (lacht überlaut): Zum Herzog!

48

LUISE: Ich weiß, worüber Sie lachen – aber ich will ja auch kein Erbarmen dort finden – Gott bewahre mich! nur Ekel – Ekel nur an meinem Geschrei. Man hat mir gesagt, dass die Großen der Welt noch nicht belehrt sind, was Elend ist – nicht wollen belehrt sein. Ich will
5 ihm sagen, was Elend ist – will es ihm vormalen in allen Verzerrungen des Todes, was Elend ist – will es ihm vorheulen in Mark und Bein zermalmenden Tönen, was Elend ist – und wenn ihm jetzt über der Beschreibung die Haare zu Berge fliegen, will ich ihm noch zum Schluss in die Ohren schreien, dass in der Sterbestunde
10 auch die Lungen der Erdengötter zu röcheln anfangen, und das jüngste Gericht Majestäten und Bettler in dem nämlichen Siebe rüttle. (Sie will gehen.)

WURM (boshaft freundlich): Gehen Sie, o gehen Sie ja. Sie können wahrlich nichts Klügeres tun. Ich rate es Ihnen, gehen Sie, und ich
15 gebe Ihnen mein Wort, dass der Herzog willfahren wird.

LUISE (steht plötzlich still): Wie sagen Sie? – Sie raten mir selbst dazu? (Kommt schnell zurück.) Hm! Was will ich denn? Etwas Abscheuliches muss es sein, weil dieser Mensch dazu ratet – Woher wissen Sie, dass der Fürst mir willfahren wird?

20 WURM: Weil er es nicht wird umsonst tun dürfen.

LUISE: Nicht umsonst? Welchen Preis kann er auf eine Menschlichkeit setzen?

WURM: Die schöne Supplikantin ist Preises genug.

LUISE (bleibt erstarrt stehen, dann mit brechendem Laut):
25 Allgerechter!

WURM: Und einen Vater werden Sie doch, will ich hoffen, um diese gnädige Taxe nicht überfordert finden?

LUISE (auf und ab, außer Fassung): Ja! Ja! Es ist wahr. Sie sind verschanzt, eure Großen – verschanzt vor der Wahrheit hinter ihre
30 eigenen Laster, wie hinter Schwerter der Cherubim – Helfe dir der Allmächtige, Vater. Deine Tochter kann für dich sterben, aber nicht sündigen.

WURM: Das mag ihm wohl eine Neuigkeit sein, dem armen verlassenen Mann – „Meine Luise," sagte er mir, „hat mich zu Boden
35 geworfen. Meine Luise wird mich auch aufrichten." – Ich eile, Mamsell, ihm die Antwort zu bringen. (Stellt sich, als ob er ginge.)

LUISE (eilt ihm nach, hält ihn zurück): Bleiben Sie! bleiben Sie! Geduld! Wie flink dieser Satan ist, wenn es gilt, Menschen rasend zu machen! – Ich hab ihn niedergeworfen. Ich muss ihn aufrichten.
40 Reden Sie! Raten Sie! Was kann ich? was muss ich tun?

WURM: Es ist nur ein Mittel.

LUISE: Dieses einzige Mittel?

WURM: Auch Ihr Vater wünscht –

LUISE: Auch mein Vater? – Was ist das für ein Mittel?

WURM: Es ist Ihnen leicht.

LUISE: Ich kenne nichts Schwereres, als die Schande.

WURM: Wenn Sie den Major wieder frei machen wollen?

LUISE: Von seiner Liebe? Spotten Sie meiner? – Das meiner Willkür
5   zu überlassen, wozu ich gezwungen ward?

WURM: So ist es nicht gemeint, liebe Jungfer. Der Major muss zuerst
und freiwillig zurücktreten.

LUISE: Er wird nicht.

WURM: So scheint es. Würde man denn wohl seine Zuflucht zu Ihnen
10   nehmen, wenn nicht Sie allein dazu helfen könnten?

LUISE: Kann ich ihn zwingen, dass er mich hassen muss?

WURM: Wir wollen versuchen. Setzen Sie sich.

LUISE (betreten): Mensch! Was brütest du?

WURM: Setzen Sie sich. Schreiben Sie! Hier ist Feder, Papier und
15   Dinte.

LUISE (setzt sich in höchster Beunruhigung): Was soll ich schreiben?
An wen soll ich schreiben?

WURM: An den Henker Ihres Vaters.

LUISE: Ha! du verstehst dich darauf, Seelen auf die Folter zu
20   schrauben. (Ergreift eine Feder.)

WURM (diktiert): „Gnädiger Herr" –

LUISE (schreibt mit zitternder Hand).

WURM: »Schon drei unerträgliche Tage sind vorüber – – sind
vorüber – und wir sahen uns nicht«

25   LUISE (stutzt, legt die Feder weg): An wen ist der Brief?

WURM: An den Henker Ihres Vaters.

LUISE: O mein Gott!

WURM: „Halten Sie sich deswegen an den Major – an den Major –
der mich den ganzen Tag wie ein Argus hütet" –

30   LUISE (springt auf): Büberei, wie noch keine erhört worden! An wen
ist der Brief?

WURM: An den Henker Ihres Vaters.

LUISE (die Hände ringend auf und nieder): Nein! Nein! Nein! Das ist
tyrannisch, o Himmel! Strafe Menschen menschlich, wenn sie dich
35   reizen, aber warum mich zwischen zwei Schröcknisse pressen?
Warum zwischen Tod und Schande mich hin und her wiegen? Warum
diesen Blut saugenden Teufel mir auf den Nacken setzen? – Macht,
was ihr wollt. Ich schreibe das nimmermehr.

WURM (greift nach dem Hut): Wie Sie wollen, Mademoiselle. Das
40   steht ganz in Ihrem Belieben.

50

LUISE: Belieben, sagen Sie? In meinem Belieben? – Geh, Barbar!
hänge einen Unglücklichen über dem Abgrund der Hölle aus, bitt ihn
um etwas, und lästre Gott, und frag ihn, ob's ihm beliebe? – O du
weißt allzu gut, dass unser Herz an natürlichen Trieben so fest als an
5 Ketten liegt – Nunmehr ist alles gleich. Diktieren Sie weiter. Ich
denke nichts mehr. Ich weiche der überlistenden Hölle. (Sie setzt sich
zum zweitenmal.)

WURM: „Den ganzen Tag wie ein Argus hütet" – Haben Sie das?

LUISE: Weiter! weiter!

10 WURM: „Wir haben gestern den Präsidenten im Haus gehabt. Es war
possierlich zu sehen, wie der gute Major um meine Ehre sich wehrte."

LUISE: O schön, schön! o herrlich! – Nur immer fort.

WURM: „Ich nahm meine Zuflucht zu einer Ohnmacht – zu einer
Ohnmacht – dass ich nicht laut lachte." –

15 LUISE: O Himmel!

WURM: „Aber bald wird mir meine Maske unerträglich –
unerträglich – Wenn ich nur loskommen könnte" –

LUISE (hält inne, steht auf, geht auf und nieder, den Kopf gesenkt, als
suchte sie was auf dem Boden; dann setzt sie sich wiederum, schreibt
20 weiter): „Loskommen könnte" –

WURM: „Morgen hat er den Dienst – Passen Sie ab, wenn er von mir
geht, und kommen an den bewussten Ort" – Haben Sie „bewussten"?

LUISE: Ich habe alles.

WURM: „An den bewussten Ort zu Ihrer zärtlichen.... Luise."

25 LUISE: Nun fehlt die Adresse noch.

WURM: „An Herrn Hofmarschall von Kalb."

LUISE: Ewige Vorsicht! ein Name, so fremd meinen Ohren, als
meinem Herzen diese schändlichen Zeilen. (Sie steht auf und
betrachtet eine große Pause lang mit starrem Blick das Geschriebene,
30 endlich reicht sie es dem Sekretär mit erschöpfter, hinsterbender
Stimme.) Nehmen Sie, mein Herr. Es ist mein ehrlicher Name – es ist
Ferdinand – es ist die ganze Wonne meines Lebens, was ich jetzt in
Ihre Hände gebe – Ich bin eine Bettlerin!

WURM: O nein doch! Verzagen Sie nicht, liebe Mademoiselle. Ich
35 habe herzliches Mitleid mit Ihnen. Vielleicht – wer weiß? – Ich könnte
mich noch wohl über gewisse Dinge hinwegsetzen – Wahrlich! Bei
Gott! Ich habe Mitleid mit Ihnen.

LUISE (blickt ihn starr und durchdringend an): Reden Sie nicht aus,
mein Herr. Sie sind auf dem Wege, sich etwas Entsetzliches zu
40 wünschen.

WURM (im Begriff, ihre Hand zu küssen): Gesetzt, es wäre diese
niedliche Hand – Wieso, liebe Jungfer?

LUISE (groß und schrecklich): Weil ich dich in der Brautnacht erdrosselte und mich dann mit Wollust aufs Rad flechten ließe. (Sie will gehen, kommt aber schnell zurück.) Sind wir jetzt fertig, mein Herr? Darf die Taube nun fliegen?

5 WURM: Nur noch die Kleinigkeit, Jungfer. Sie müssen mit mir und das Sakrament darauf nehmen, diesen Brief für einen freiwilligen zu erkennen.

LUISE: Gott! Gott! und du selbst musst das Siegel geben, die Werke der Hölle zu verwahren? (Wurm zieht sie fort.)

Vierter Akt

Saal beim Präsidenten.

ERSTE SZENE

Ferdinand von Walter, einen offenen Brief in der Hand, kommt
5   stürmisch durch eine Türe, durch eine andere ein Kammerdiener.

FERDINAND: War kein Marschall da?

KAMMERDIENER: Herr Major, der Herr Präsident fragen nach
Ihnen.

FERDINAND: Alle Donner! Ich frag, war kein Marschall da?

10 KAMMERDIENER: Der gnädige Herr sitzen oben am Pharotisch.

FERDINAND: Der gnädige Herr soll im Namen der ganzen Hölle
daherkommen. (Kammerdiener geht.)

ZWEITE SZENE

Ferdinand allein, den Brief durchfliegend, bald erstarrend, bald
15 wütend herumstürzend.

FERDINAND: Es ist nicht möglich. Nicht möglich. Diese himmlische
Hülle versteckt kein so teuflisches Herz – – Und doch! doch! Wenn
alle Engel herunterstiegen, für ihre Unschuld bürgten – wenn Himmel
und Erde, wenn Schöpfung und Schöpfer zusammenträten, für ihre
20 Unschuld bürgten – es ist ihre Hand – ein unerhörter ungeheurer
Betrug, wie die Menschheit noch keinen erlebte! – Das also war's,
warum man sich so beharrlich der Flucht widersetzte! – Darum – o
Gott! jetzt erwach ich, jetzt enthüllt sich mir alles! – Darum gab man
seinen Anspruch auf meine Liebe mit soviel Heldenmut auf, und bald,
25 bald hätte selbst mich die himmlische Schminke betrogen!

(Er stürzt rascher durchs Zimmer, dann steht er wieder nachdenkend
still.)

Mich so ganz zu ergründen! – Jedes kühne Gefühl, jede leise
schüchterne Bebung zu erwidern, jede feurige Wallung – An der
30 feinsten Unbeschreiblichkeit eines schwebenden Lauts meine Seele zu
fassen – Mich zu berechnen in einer Träne – Auf jeden gähen Gipfel
der Leidenschaft mich zu begleiten, mir zu begegnen vor jedem
schwindelnden Absturz – Gott! Gott! und alles das nichts als
Grimasse? – Grimasse? – O wenn die Lüge eine so haltbare Farbe hat,
35 wie ging es zu, dass sich kein Teufel noch in das Himmelreich
hineinlog?

Da ich ihr die Gefahr unsrer Liebe entdeckte, mit welch
überzeugender Täuschung erblasste die Falsche da! Mit welch
siegender Würde schlug sie den frechen Hohn meines Vaters zu
40 Boden, und in eben dem Augenblick fühlte das Weib sich doch

schuldig – Was? hielt sie nicht selbst die Feuerprobe der Wahrheit aus – die Heuchlerin sinkt in Ohnmacht. Welche Sprache wirst du jetzt führen, Empfindung? Auch Koketten sinken in Ohnmacht. Womit wirst du dich rechtfertigen, Unschuld – Auch Metzen sinken in Ohnmacht.

5

Sie weiß, was sie aus mir gemacht hat. Sie hat meine ganze Seele gesehn. Mein Herz trat beim Erröten des ersten Kusses sichtbar in meine Augen – und sie empfand nichts? Empfand vielleicht nur den Triumph ihrer Kunst? – Da mein glücklicher Wahnsinn den ganzen Himmel in ihr zu umspannen wähnte? Meine wildesten Wünsche schwiegen? Vor meinem Gemüt stand kein Gedanke als die Ewigkeit und das Mädchen – Gott! da empfand sie nichts? Fühlte nichts, als ihren Anschlag gelungen? Nichts, als ihre Reize geschmeichelt? Tod und Rache! Nichts, als daß ich betrogen sei?

10

15

DRITTE SZENE

Der Hofmarschall und Ferdinand.

HOFMARSCHALL (ins Zimmer trippelnd): Sie haben den Wunsch blicken lassen, mein Bester –

FERDINAND (vor sich hinmurmelnd): Einem Schurken den Hals zu brechen. (Laut.) Marschall, dieser Brief muss Ihnen bei der Parade aus der Tasche gefallen sein – und ich (mit boshaftem Lachen) war zum Glück noch der Finder.

20

HOFMARSCHALL: Sie?

FERDINAND: Durch den lustigsten Zufall. Machen Sie's mit der Allmacht aus.

25

HOFMARSCHALL: Sie sehen, wie ich erschrecke, Baron.

FERDINAND: Lesen Sie! Lesen Sie! (Von ihm weggehend.) Bin ich auch schon zum Liebhaber zu schlecht, vielleicht lass ich mich desto besser als Kuppler an. (Während dass jener liest, tritt er zur Wand und nimmt zwei Pistolen herunter.)

30

HOFMARSCHALL (wirft den Brief auf den Tisch und will sich davonmachen): Verflucht!

FERDINAND (führt ihn am Arm zurück): Geduld, lieber Marschall. Die Zeitungen dünken mich angenehm. Ich will meinen Finderlohn haben. (Hier zeigt er ihm die Pistolen.)

35

HOFMARSCHALL (tritt bestürzt zurück): Sie werden vernünftig sein, Bester.

FERDINAND (mit starker, schrecklicher Stimme): Mehr als zu viel, um einen Schelmen, wie du bist, in jene Welt zu schicken! (Er dringt ihm die eine Pistole auf, zugleich zieht er sein Schnupftuch.) Nehmen Sie! dieses Schnupftuch da fassen Sie! – Ich hab's von der Buhlerin.

40

HOFMARSCHALL: Über dem Schnupftuch? Rasen Sie? Wohin denken Sie?

FERDINAND: Fass dieses End an, sag ich. sonst wirst du ja fehlschießen, Memme! – Wie sie zittert, die Memme! Du solltest Gott danken, Memme, dass du zum ersten Mal etwas in deinen Hirnkasten kriegst. (Hofmarschall macht sich auf die Beine.) Sachte! Dafür wird
5 gebeten sein. (Er überholt ihn und riegelt die Türe.)

HOFMARSCHALL: Auf dem Zimmer, Baron?

FERDINAND: Als ob sich mit dir ein Gang vor den Wall verlohnte? – Schatz, so knallt's desto lauter, und das ist ja doch wohl das erste Geräusch, das du in der Welt machst – Schlag an!

10 HOFMARSCHALL (wischt sich die Stirn): Und Sie wollen Ihr kostbares Leben so aussetzen, junger hoffnungsvoller Mann?

FERDINAND: Schlag an, sag ich. Ich habe nichts mehr in dieser Welt zu tun.

HOFMARSCHALL: Aber ich desto mehr, mein Allervortrefflichster.

15 FERDINAND: Du, Bursche? Was du? – Der Notnagel zu sein, wo die Menschen sich rar machen? In einem Augenblick sieben Mal kurz und sieben Mal lang zu werden, wie der Schmetterling an der Nadel? Ein Register zu führen über die Stuhlgänge deines Herrn und der Mietgaul seines Witzes zu sein? Eben so gut. Ich führe dich wie irgendein
20 seltenes Murmeltier mit mir. Wie ein zahmer Affe sollst du zum Geheul der Verdammten tanzen, apportieren und aufwarten und mit deinen höfischen Künsten die ewige Verzweiflung belustigen.

HOFMARSCHALL: Was Sie befehlen, Herr, wie Sie belieben – Nur die Pistolen weg!

25 FERDINAND: Wie er dasteht, der Schmerzenssohn! – Dasteht, dem sechsten Schöpfungstag zum Schimpfe! Als wenn ihn ein Tübinger Buchhändler dem Allmächtigen nachgedruckt hätte! – Schande nur, ewig Schande für die Unze Gehirn, die so schlecht in diesem undankbaren Schädel wuchert. Diese einzige Unze hätte dem Pavian
30 noch vollends zum Menschen geholfen, da sie jetzt nur einen Bruch von Vernunft macht – Und mit diesem ihr Herz zu teilen? – Ungeheuer! Unverantwortlich! – Einem Kerl, mehr gemacht, von Sünden zu entwöhnen als dazu anzureizen.

HOFMARSCHALL: Oh! Gott sei ewig Dank! Er wird witzig.

35 FERDINAND: Ich will ihn gelten lassen. Die Toleranz, die der Raupe schont, soll auch diesem zugute kommen. Man begegnet ihm, zuckt etwa die Achsel, bewundert vielleicht noch die kluge Wirtschaft des Himmels, der auch mit Trebern und Bodensatz noch Kreaturen speist; der dem Raben am Hochgericht und einem Höfling im Schlamme der
40 Majestäten den Tisch deckt – Zuletzt erstaunt man noch über die große Polizei der Vorsicht, die auch in der Geisterwelt ihre Blindschleichen und Taranteln zur Ausfuhr des Gifts besoldet. – Aber (indem seine Wut sich erneuert) an meine Blume soll mir das Ungeziefer nicht kriechen, oder ich will es (den Marschall fassend und
45 unsanft herumschüttelnd) so und so und wieder so durcheinander quetschen.

55

HOFMARSCHALL (für sich hinseufzend): O mein Gott! Wer hier weg wäre! Hundert Meilen von hier, im Bicêtre zu Paris! nur bei diesem nicht!

FERDINAND: Bube! Wenn sie nicht rein mehr ist? Bube! wenn du
5 genossest, wo ich anbetete! (Wütender) Schwelgtest, wo ich einen Gott mich fühlte? (Plötzlich schweigt er, darauf fürchterlich.) Dir wäre besser, Bube, du flöhest der Hölle zu, als dass dir mein Zorn im Himmel begegnete! – Wie weit kamst du mit dem Mädchen? Bekenne!

10 HOFMARSCHALL: Lassen Sie mich los. Ich will alles verraten.

FERDINAND: Oh! es muss reizender sein, mit diesem Mädchen zu buhlen, als mit andern noch so himmlisch zu schwärmen – Wollte sie ausschweifen, wollte sie, sie könnte den Wert der Seele herunterbringen und die Tugend mit der Wollust verfälschen. (Dem
15 Marschall die Pistole aufs Herz drückend.) Wie weit kamst du mit ihr? Ich drücke ab, oder bekenne!

HOFMARSCHALL: Es ist nichts – ist ja alles nichts. Haben Sie nur eine Minute Geduld. Sie sind ja betrogen.

FERDINAND: Und daran mahnst du mich, Bösewicht? – Wie weit
20 kamst du mit ihr? Du bist des Todes, oder bekenne!

HOFMARSCHALL: Mon Dieu! Mein Gott! Ich spreche ja – So hören Sie doch nur – Ihr Vater – Ihr eigener, leiblicher Vater –

FERDINAND (grimmiger): Hat seine Tochter an dich verkuppelt? Und wie weit kamst du mit ihr? Ich ermorde dich, oder bekenne!

25 HOFMARSCHALL: Sie rasen. Sie hören nicht. Ich sah sie nie. Ich kenne sie nicht. Ich weiß gar nichts von ihr.

FERDINAND (zurücktretend): Du sahst sie nie? Kennst sie nicht? Weißt gar nichts von ihr? – Die Millerin ist verloren um deinetwillen, du leugnest sie dreimal in einem Atem hinweg? – Fort, schlechter
30 Kerl. (Er gibt ihm mit der Pistole einen Streich und stößt ihn aus dem Zimmer.) Für deinesgleichen ist kein Pulver erfunden!

VIERTE SZENE

Ferdinand nach einem langen Stillschweigen, worin seine Züge einen schrecklichen Gedanken entwickeln.

35 FERDINAND: Verloren! ja, Unglückselige! – Ich bin es. Du bist es auch. Ja, bei dem großen Gott! Wenn ich verloren bin, bist du es auch! Richter der Welt! Fordre sie mir nicht ab. Das Mädchen ist mein. Ich trat dir deine ganze Welt für das Mädchen ab, habe Verzicht getan auf deine ganze herrliche Schöpfung. Lass mir das Mädchen. – Richter
40 der Welt! Dort winseln Millionen Seelen nach dir – Dorthin kehre das Aug deines Erbarmens – Mich lass allein machen, Richter der Welt! (Indem er schrecklich die Hände faltet.) Sollte der reiche vermögende Schöpfer mit einer Seele geizen, die noch dazu die schlechteste seiner

Schöpfung ist? – Das Mädchen ist mein! Ich einst ihr Gott, jetzt ihr Teufel!

(Die Augen grass in einen Winkel geworfen.)

Eine Ewigkeit mit ihr auf ein Rad der Verdammnis geflochten –
5 Augen in Augen wurzelnd – Haare zu Berge stehend gegen Haare – auch unser hohles Wimmern in eins geschmolzen – Und jetzt zu wiederholen meine Zärtlichkeiten, und jetzt ihr vorzusingen ihre Schwüre – Gott! Gott! – Die Vermählung ist fürchterlich – aber ewig! (Er will schnell hinaus. Der Präsident tritt herein.)

10   **FÜNFTE SZENE**

Der Präsident und Ferdinand.

FERDINAND (zurücktretend): Oh! – mein Vater!

PRÄSIDENT: Sehr gut, dass wir uns finden, mein Sohn. Ich komme, dir etwas Angenehmes zu verkündigen und etwas, lieber Sohn, das
15 dich ganz gewiss überraschen wird. Wollen wir uns setzen?

FERDINAND (sieht ihn lange Zeit starr an): Mein Vater! (Mit stärkerer Bewegung zu ihm gehend und seine Hand fassend.) Mein Vater! (Seine Hand küssend, vor ihm niederfallend.) O mein Vater!

PRÄSIDENT: Was ist dir, mein Sohn? Steh auf. Deine Hand brennt
20 und zittert.

FERDINAND (mit wilder feuriger Empfindung): Verzeihung für meinen Undank, mein Vater! Ich bin ein verworfener Mensch. Ich habe Ihre Güte misskannt. Sie meinten es mit mir so väterlich – Oh! Sie hatten eine weissagende Seele – Jetzt ist's zu spät – Verzeihung!
25 Verzeihung! Ihren Segen, mein Vater!

PRÄSIDENT (heuchelt eine schuldlose Miene): Steh auf, mein Sohn! Besinne dich, dass du mir Rätsel sprichst.

FERDINAND: Diese Millerin, mein Vater – Oh, Sie kennen den Menschen – Ihre Wut war damals so gerecht, so edel, so väterlich
30 warm – Nur verfehlte der warme Vatereifer des Weges – diese Millerin!

PRÄSIDENT: Martre mich nicht, mein Sohn. Ich verfluche meine Härte! Ich bin gekommen, dir abzubitten.

FERDINAND: Abbitten an mir? Verfluchen an mir! – Ihre
35 Missbilligung war Weisheit. Ihre Härte war himmlisches Mitleid – – Diese Millerin, Vater –

PRÄSIDENT: Ist ein edles, ein liebes Mädchen. – Ich widerrufe meinen übereilten Verdacht. Sie hat meine Achtung erworben.

FERDINAND (springt erschüttert auf): Was? auch Sie? – Vater! auch
40 Sie? – Und nicht wahr, mein Vater, ein Geschöpf wie die Unschuld? – und es ist so menschlich, dieses Mädchen zu lieben?

PRÄSIDENT: Sage so: es ist Verbrechen, es nicht zu lieben.

FERDINAND: Unerhört! Ungeheuer! – Und Sie schauen ja doch sonst die Herzen so durch! Sahen sie noch dazu mit Augen des Hasses! – Heuchelei ohne Beispiel – Diese Millerin, Vater –

PRÄSIDENT: Ist es wert, meine Tochter zu sein. Ich rechne ihre
5 Tugend für Ahnen und ihre Schönheit für Gold. Meine Grundsätze weichen deiner Liebe – Sie sei dein!

FERDINAND (stürzt fürchterlich aus dem Zimmer): Das fehlte noch! – Leben Sie wohl, mein Vater. (Ab.)

PRÄSIDENT (ihm nachgehend): Bleib! Bleib! Wohin stürmst du?
10 (Ab.)

SECHSTE SZENE

Ein sehr prächtiger Saal bei der Lady.

Lady und Sophie treten herein.

LADY: Also sahst du sie? Wird sie kommen?

15 SOPHIE: Diesen Augenblick. Sie war noch im Hausgewand und wollte sich nur in der Geschwindigkeit umkleiden.

LADY: Sage mir nichts von ihr – Stille – wie eine Verbrecherin zittre ich, die Glückliche zu sehen, die mit meinem Herzen so schrecklich harmonisch fühlt – Und wie nahm sie sich bei der Einladung?

20 SOPHIE: Sie schien bestürzt, wurde nachdenkend, sah mich mit großen Augen an und schwieg. Ich hatte mich schon auf ihre Ausflüchte vorbereitet, als sie mit einem Blick, der mich ganz überraschte, zur Antwort gab: Ihre Dame befiehlt mir, was ich mir morgen erbitten wollte.

25 LADY (sehr unruhig): Lass mich, Sophie. Beklage mich. Ich muss erröten, wenn sie nur das gewöhnliche Weib ist, und, wenn sie mehr ist, verzagen.

SOPHIE: Aber, Mylady – Das ist die Laune nicht, eine Nebenbuhlerin zu empfangen. Erinnern Sie sich, wer Sie sind. Rufen Sie Ihre Geburt,
30 Ihren Rang, Ihre Macht zu Hilfe. Ein stolzeres Herz muss die stolze Pracht Ihres Anblicks erheben.

LADY (zerstreut): Was schwatzt die Närrin da?

SOPHIE (boshaft): Oder ist es vielleicht Zufall, dass eben heute die kostbarsten Brillanten an Ihnen blitzen? Zufall, dass eben heute der
35 reichste Stoff Sie bekleiden muss – dass Ihre Antichamber von Heiducken und Pagen wimmelt und das Bürgermädchen im fürstlichen Saal Ihres Palastes erwartet wird?

LADY (auf und ab voll Erbitterung): Verwünscht! Unerträglich! Dass Weiber für Weiberschwächen solche Luchsaugen haben! – – Aber wie
40 tief, wie tief muss ich schon gesunken sein, dass eine solche Kreatur mich ergründet!

EIN KAMMERDIENER (tritt auf): Mamsell Millerin –

LADY (zu Sophien): Hinweg, du! Entferne dich! (Drohend, da diese noch zaudert.) Hinweg! Ich befehl es! (Sophie geht ab, Lady macht einen Gang durch den Saal.) Gut! Recht gut, dass ich in Wallung kam. Ich bin, wie ich wünschte. (Zum Kammerdiener.) Die Mamsell mag
5 hereintreten. (Kammerdiener geht. Sie wirft sich in den Sofa und nimmt eine vornehm-nachlässige Lage an.)

SIEBENTE SZENE

Luise Millerin tritt schüchtern herein und bleibt in einer großen Entfernung von der Lady stehen; Lady hat ihr den Rücken zugewandt
10 und betrachtet sie eine Zeit lang aufmerksam in dem gegenüberstehenden Spiegel.

(Nach einer Pause.)

LUISE: Gnädige Frau, ich erwarte Ihre Befehle.

LADY (dreht sich nach Luisen um und nickt nur eben mit dem Kopf,
15 fremd und zurückgezogen): Aha! Ist Sie hier? – Ohne Zweifel die Mamsell – eine gewisse – Wie nennt man Sie doch?

LUISE (etwas empfindlich): Miller nennt sich mein Vater, und Ihro Gnaden schickten nach seiner Tochter.

LADY: Recht! Recht! Ich entsinne mich – die arme Geigerstochter,
20 wovon neulich die Rede war. (Nach einer Pause vor sich.) Sehr interessant, und doch keine Schönheit – (Laut zu Luisen.) Trete Sie näher, mein Kind. (Wieder vor sich.) Augen, die sich im Weinen übten – Wie lieb ich sie, diese Augen! (Wiederum laut.) Nur näher – Nur ganz nah – Gutes Kind, ich glaube, du fürchtest mich?

25 LUISE (groß, mit entschiednem Ton): Nein, Mylady. Ich verachte das Urteil der Menge.

LADY (vor sich): Sieh doch! – und diesen Trotzkopf hat sie von ihm. (Laut.) Man hat Sie mir empfohlen, Mamsell. Sie soll was gelernt haben und sonst auch zu leben wissen – Nun ja. Ich will's glauben –
30 auch nähm ich die ganze Welt nicht, einen so warmen Fürsprecher Lügen zu strafen.

LUISE: Doch kenn ich niemand, Mylady, der sich Mühe gäbe, mir eine Patronin zu suchen.

LADY (geschraubt): Mühe um die Klientin oder Patronin?

35 LUISE: Das ist mir zu hoch, gnädige Frau.

LADY: Mehr Schelmerei, als diese offene Bildung vermuten lässt! Luise nennt sie sich? Und wie jung, wenn man fragen darf?

LUISE: Sechzehn gewesen.

LADY (steht rasch auf): Nun ist's heraus! Sechzehn Jahre! Der erste
40 Puls dieser Leidenschaft! – Auf dem unberührten Klavier der erste einweihende Silberton! – Nichts ist verführender – Setz dich, ich bin dir gut, liebes Mädchen – Und auch er liebt zum ersten Mal – Was Wunder, wenn sich die Strahlen eines Morgenrots finden? (Sehr

59

freundlich und ihre Hand ergreifend.) Es bleibt dabei, ich will dein Glück machen, Liebe – Nichts, nichts als die süße früheverfliegende Träumerei. (Luisen auf die Wange klopfend.) Meine Sophie heiratet. Du sollst ihre Stelle haben – Sechzehen Jahr! Es kann nicht von Dauer
5 sein.

LUISE (küsst ihr ehrerbietig die Hand): Ich danke für diese Gnade, Mylady, als wenn ich sie annehmen dürfte.

LADY (in Entrüstung zurückfallend): Man sehe die große Dame! – Sonst wissen sich Jungfern Ihrer Herkunft noch glücklich, wenn sie
10 Herrschaften finden – Wo will denn Sie hinaus, meine Kostbare? Sind diese Finger zur Arbeit zu niedlich? Ist es Ihr bisschen Gesicht, worauf Sie so trotzig tut?

LUISE: Mein Gesicht, gnädige Frau, gehört mir so wenig als meine Herkunft.

15 LADY: Oder glaubt Sie vielleicht, das werde nimmer ein Ende nehmen? – Armes Geschöpf, wer dir das in den Kopf setzte – mag er sein, wer er will – er hat euch Beide zum Besten gehabt. Diese Wangen sind nicht im Feuer vergoldet. Was dir dein Spiegel für massiv und ewig verkauft, ist nur ein dünner angeflogener
20 Goldschaum, der deinem Anbeter über kurz oder lang in der Hand bleiben muss – Was werden wir dann machen?

LUISE: Den Anbeter bedauern, Mylady, der einen Demant kaufte, weil er in Gold schien gefasst zu sein.

LADY (ohne darauf achten zu wollen): Ein Mädchen von Ihren Jahren
25 hat immer zween Spiegel zugleich, den wahren und ihren Bewunderer – Die gefällige Geschmeidigkeit des letztern macht die rauhe Offenherzigkeit des erstern wieder gut. Der eine rügt eine häßliche Blatternarbe. Weit gefehlt, sagt der andere, es ist ein Grübchen der Grazien. Ihr guten Kinder glaubt jenem nur, was euch dieser gesagt
30 hat, hüpft von einem zum andern, bis ihr zuletzt die Aussagen beider verwechselt – Warum begaffen Sie mich so?

LUISE: Verzeihen Sie, gnädige Frau – Ich war soeben im Begriff, diesen prächtig blitzenden Rubin zu beweinen, der es nicht wissen muss, dass seine Besitzerin so scharf wider Eitelkeit eifert.

35 LADY (errötend): Keinen Seitensprung, Lose! – Wenn es nicht die Promessen Ihrer Gestalt sind, was in der Welt könnte Sie abhalten, einen Stand zu erwählen, der der einzige ist, wo Sie Manieren und Welt lernen kann, der einzige ist, wo Sie sich Ihrer bürgerlichen Vorurteile entledigen kann?

40 LUISE: Auch meiner bürgerlichen Unschuld, Mylady?

LADY: Läppischer Einwurf! Der ausgelassenste Bube ist zu verzagt, uns etwas Beschimpfendes zuzumuten, wenn wir ihm nicht selbst ermunternd entgegengehn. Zeige Sie, wer Sie ist. Gebe Sie sich Ehre und Würde, und ich sage Ihrer Jugend für alle Versuchung gut.

45 LUISE: Erlauben Sie, gnädige Frau, dass ich mich unterstehe, daran zu zweifeln. Die Paläste gewisser Damen sind oft die Freistätten der

frechsten Ergötzlichkeit. Wer sollte der Tochter des armen Geigers den Heldenmut zutrauen, den Heldenmut, mitten in die Pest sich zu werfen und doch dabei vor der Vergiftung zu schaudern? Wer sollte sich träumen lassen, dass Lady Milford ihrem Gewissen einen ewigen
5 Skorpion halte, dass sie Geldsummen aufwende, um den Vorteil zu haben, jeden Augenblick schamrot zu werden? – Ich bin offenherzig, gnädige Frau – Würde Sie mein Anblick ergötzen, wenn Sie einem Vergnügen entgegen gingen? Würden Sie ihn ertragen, wenn Sie zurückkämen? – – O besser, besser! Sie lassen Himmelsstriche uns
10 trennen – Sie lassen Meere zwischen uns fließen! – Sehen Sie sich wohl für, Mylady – Stunden der Nüchternheit, Augenblicke der Erschöpfung könnten sich melden – Schlangen der Reue könnten Ihren Busen anfallen, und nun – welche Folter für Sie, im Gesicht Ihres Dienstmädchens die heitre Ruhe zu lesen, womit die Unschuld
15 ein reines Herz zu belohnen pflegt. (Sie tritt einen Schritt zurück.) Noch einmal, gnädige Frau. Ich bitte sehr um Vergebung.

LADY (in großer innrer Bewegung herumgehend): Unerträglich, dass sie mir das sagt! Unerträglicher, dass sie Recht hat! (Zu Luisen tretend und ihr starr in die Augen sehend.) Mädchen, du wirst mich nicht
20 überlisten. So warm sprechen Meinungen nicht. Hinter diesen Maximen lauert ein feurigeres Interesse, das dir meine Dienste besonders abscheulich malt – das dein Gespräch so erhitzte – das ich (drohend) entdecken muss.

LUISE (gelassen und edel): Und wenn Sie es nun entdeckten? Und
25 wenn Ihr verächtlicher Fersenstoß den beleidigten Wurm aufweckte, dem sein Schöpfer gegen Misshandlung noch einen Stachel gab? – Ich fürchte Ihre Rache nicht, Lady – Die arme Sünderin auf dem berüchtigten Henkerstuhl lacht zum Weltuntergang. – Mein Elend ist so hoch gestiegen, dass selbst Aufrichtigkeit es nicht
30 mehr vergrößern kann. (Nach einer Pause, sehr ernsthaft.) Sie wollen mich aus dem Staub meiner Herkunft reißen. Ich will sie nicht zergliedern, diese verdächtige Gnade. Ich will nur fragen, was Mylady bewegen konnte, mich für die Törin zu halten, die über ihre Herkunft errötet? Was sie berechtigen konnte, sich zur Schöpferin meines
35 Glücks aufzuwerfen, ehe sie noch wusste, ob ich mein Glück auch von ihren Händen empfangen wollte? – Ich hatte meinen ewigen Anspruch auf die Freuden der Welt zerrissen. Ich hatte dem Glück seine Übereilung vergeben – Warum mahnen Sie mich aufs Neu an dieselbe? – Wenn selbst die Gottheit dem Blick der Erschaffenen ihre
40 Strahlen verbirgt, dass nicht ihr oberster Seraph vor seiner Verfinsterung zurückschaure – warum wollen Menschen so grausam-barmherzig sein? – Wie kommt es, Mylady, dass Ihr gepriesenes Glück das Elend so gern um Neid und Bewunderung anbettelt? – Hat Ihre Wonne die Verzweiflung so nötig zur Folie? – O lieber! so
45 gönnen Sie mir doch eine Blindheit, die mich allein noch mit meinem barbarischen Los versöhnt – Fühlt sich doch das Insekt in einem Tropfen Wassers so selig, als wär es ein Himmelreich, so froh und so selig, bis man ihm von einem Weltmeer erzählt, worin Flotten und Walfische spielen! – – Aber glücklich wollen Sie mich ja wissen?
50 (Nach einer Pause plötzlich zur Lady hintretend und mit

Überraschung sie fragend:) Sind Sie glücklich, Mylady? (Diese verlässt sie schnell und betroffen, Luise folgt ihr und hält ihr die Hand vor den Busen.) Hat dieses Herz auch die lachende Gestalt Ihres Standes? Und wenn wir jetzt Brust gegen Brust und Schicksal gegen
5 Schicksal auswechseln sollten – und wenn ich in kindlicher Unschuld – und wenn ich auf Ihr Gewissen – und wenn ich als meine Mutter Sie fragte – würden Sie mir wohl zu dem Tausche raten?

LADY (heftig bewegt in den Sofa sich werfend): Unerhört! Unbegreiflich! Nein, Mädchen! Nein! Diese Größe hast du nicht auf
10 die Welt gebracht, und für einen Vater ist sie zu jugendlich. Lüge mir nicht. Ich höre einen andern Lehrer –

LUISE (fein und scharf ihr in die Augen sehend): Es sollte mich doch wundern, Mylady, wenn Sie jetzt erst auf diesen Lehrer fielen und doch vorhin schon eine Kondition für mich wussten.

15 LADY (springt auf): Es ist nicht auszuhalten! – Ja denn! weil ich dir doch nicht entwischen kann. Ich kenn ihn – weiß alles – weiß mehr, als ich wissen mag. (Plötzlich hält sie inne, darauf mit einer Heftigkeit, die nach und nach bis beinahe zum Toben steigt.) Aber wag es, Unglückliche – wag es, ihn jetzt noch zu lieben oder von ihm
20 geliebt zu werden – Was sage ich? – Wag es, an ihn zu denken oder einer von seinen Gedanken zu sein – Ich bin mächtig, Unglückliche – fürchterlich – so wahr Gott lebt! Du bist verloren!

LUISE (standhaft): Ohne Rettung, Mylady, sobald Sie ihn zwingen, dass er Sie lieben muss.

25 LADY: Ich verstehe dich – aber er soll mich nicht lieben. Ich will über diese schimpfliche Leidenschaft siegen, mein Herz unterdrücken und das deinige zermalmen – Felsen und Abgründe will ich zwischen euch werfen; eine Furie will ich mitten durch euren Himmel gehn; mein Name soll eure Küsse wie ein Gespenst Verbrecher auseinander
30 scheuchen; deine junge blühende Gestalt unter seiner Umarmung welk wie eine Mumie zusammenfallen – Ich kann nicht mit ihm glücklich werden – aber du sollst es auch nicht werden – Wisse das, Elende! Seligkeit zerstören ist auch Seligkeit.

LUISE: Eine Seligkeit, um die man Sie schon gebracht hat, Mylady.
35 Lästern Sie Ihr eigenes Herz nicht. Sie sind nicht fähig, das auszuüben, was Sie so drohend auf mich herabschwören. Sie sind nicht fähig, ein Geschöpf zu quälen, das Ihnen nichts zu Leide getan, als dass es empfunden hat wie Sie – Aber ich liebe Sie um dieser Wallung willen, Mylady.

40 LADY (die sich jetzt gefasst hat): Wo bin ich? Wo war ich? Was hab ich merken lassen? Wen – hab ich's merken lassen? – O Luise, edle, große, göttliche Seele! Vergib's einer Rasenden – Ich will dir kein Haar kränken, mein Kind. Wünsche! Fordre! Ich will dich auf den Händen tragen, deine Freundin, deine Schwester will ich sein – Du
45 bist arm – Sieh! (Einige Brillanten herunternehmend.) Ich will diesen Schmuck verkaufen – meine Garderobe, Pferd und Wagen verkaufen – Dein sei alles, aber entsag ihm!

LUISE (tritt zurück voll Befremdung): Spottet sie einer
Verzweifelnden, oder sollte sie an der barbarischen Tat im Ernst
keinen Anteil gehabt haben? – Ha! So könnt ich mir ja noch den
Schein einer Heldin geben und meine Ohnmacht zu einem Verdienst
5   aufputzen. (Sie steht eine Weile gedankenvoll, dann tritt sie näher zur
Lady, fasst ihre Hand und sieht sie starr und bedeutend an.) Nehmen
Sie ihn denn hin, Mylady! – Freiwillig tret ich Ihnen ab den Mann,
den man mit Haken der Hölle von meinem blutenden Herzen riss. – –
Vielleicht wissen Sie es selbst nicht, Mylady, aber Sie haben den
10 Himmel zweier Liebenden geschleift, von einander gezerrt zwei
Herzen, die Gott aneinander band; zerschmettert ein Geschöpf, das
ihm nahe ging wie Sie, das er zur Freude schuf wie Sie, das ihn
gepriesen hat wie Sie, und ihn nun nimmermehr preisen wird – Lady!
ins Ohr des Allwissenden schreit auch der letzte Krampf des
15 zertretenen Wurms – Es wird ihm nicht gleichgültig sein, wenn man
Seelen in seinen Händen mordet! Jetzt ist er Ihnen! Jetzt, Mylady,
nehmen Sie ihn hin! Rennen Sie in seine Arme! Reißen Sie ihn zum
Altar – Nur vergessen Sie nicht, dass zwischen Ihren Brautkuss das
Gespenst einer Selbstmörderin stürzen wird – Gott wird barmherzig
20 sein – Ich kann mir nicht anders helfen! (Sie stürzt hinaus.)

ACHTE SZENE

Lady allein, steht erschüttert und außer sich, den starren Blick nach
der Türe gerichtet, durch welche die Millerin weggeeilt; endlich
erwacht sie aus ihrer Betäubung.

25 LADY: Wie war das? Wie geschah mir? Was sprach die
Unglückliche? – Noch, o Himmel! noch zerreißen sie mein Ohr, die
fürchterlichen, mich verdammenden Worte: Nehmen Sie ihn hin! –
Wen, Unglückselige? Das Geschenk deines Sterberöchelns – das
schauervolle Vermächtnis deiner Verzweiflung! Gott! Gott! Bin ich so
30 tief gesunken – so plötzlich von allen Thronen meines Stolzes
herabgestürzt, dass ich heißhungrig erwarte, was einer Bettlerin
Großmut aus ihrem letzten Todeskampfe mir zuwerfen wird? –
Nehmen Sie ihn hin, und das spricht sie mit einem Tone, begleitet sie
mit einem Blicke – – Ha! Emilie! bist du darum über die Grenzen
35 deines Geschlechts weggeschritten? Musstest du darum um den
prächtigen Namen des großen britischen Weibes buhlen, dass das
prahlende Gebäude deiner Ehre neben der höheren Tugend einer
verwahrlosten Bürgerdirne versinken soll? – Nein, stolze
Unglückliche! Nein! – Beschämen läßt sich Emilie Milford – doch
40 beschimpfen nie! Auch ich habe Kraft, zu entsagen. (Mit
majestätischen Schritten auf und nieder.)

Verkrieche dich jetzt, weiches, leidendes Weib – Fahret hin, süße,
goldene Bilder der Liebe – Großmut allein sei jetzt meine Führerin!
– Dieses liebende Paar ist verloren, oder Milford muss ihren Anspruch
45 vertilgen und im Herzen des Fürsten erlöschen! (Nach einer Pause,
lebhaft.) Es ist geschehen! – Gehoben das furchtbare Hindernis –
zerbrochen alle Bande zwischen mir und dem Herzog, gerissen aus
meinem Busen diese wütende Liebe! – – In deine Arme werf ich

mich, Tugend! – Nimm sie auf, deine reuige Tochter Emilie! – Ha! wie mir so wohl ist! Wie ich auf einmal so leicht! so gehoben mich fühle! – Groß, wie eine fallende Sonne, will ich heut vom Gipfel meiner Hoheit heruntersinken, meine Herrlichkeit sterbe mit meiner

5 Liebe, und nichts als mein Herz begleite mich in diese stolze Verweisung. (Entschlossen zum Schreibpult gehend.) Jetzt gleich muss es geschehen – jetzt auf der Stelle, ehe die Reize des lieben Jünglings den blutigen Kampf meines Herzens erneuern. (Sie setzt sich nieder und fängt an zu schreiben.)

10 **NEUNTE SZENE**

Lady. Ein Kammerdiener. Sophie, hernach der Hofmarschall, zuletzt Bediente.

KAMMERDIENER: Hofmarschall von Kalb stehen im Vorzimmer mit einem Auftrag vom Herzog.

15 LADY (in der Hitze des Schreibens): Auftaumeln wird sie, die fürstliche Drahtpuppe! Freilich! Der Einfall ist auch drollig genug, so eine durchlauchtigte Hirnschale auseinander zu treiben! – Seine Hofschranzen werden wirbeln – Das ganze Land wird in Gärung kommen.

20 KAMMERDIENER und SOPHIE: Der Hofmarschall, Mylady –

LADY (dreht sich um): Wer? Was? – Desto besser! Diese Sorte von Geschöpfen ist zum Sacktragen auf der Welt. Er soll mir willkommen sein.

KAMMERDIENER (geht ab).

25 SOPHIE (ängstlich näher kommend): Wenn ich nicht fürchten müsste, Mylady, es wäre Vermessenheit (Lady schreibt hitzig fort.) Die Millerin stürzte außer sich durch den Vorsaal – Sie glühen – Sie sprechen mit sich selbst (Lady schreibt immer fort.) Ich erschrecke – Was muss geschehen sein?

30 HOFMARSCHALL (tritt herein, macht dem Rücken der Lady tausend Verbeugungen; da sie ihn nicht bemerkt, kommt er näher, stellt sich hinter ihren Sessel, sucht den Zipfel ihres Kleides wegzukriegen und drückt einen Kuss darauf, mit furchtsamem Lispeln): Serenissimus –

LADY (indem sie Sand streut und das Geschriebene durchfliegt): Er
35 wird mir schwarzen Undank zur Last legen – Ich war eine Verlassene. Er hat mich aus dem Elend gezogen – Aus dem Elend? – Abscheulicher Tausch! – Zerreiße deine Rechnung, Verführer! Meine ewige Schamröte bezahlt sie mit Wucher.

HOFMARSCHALL (nachdem er die Lady vergeblich von allen Seiten
40 umgangen hat): Mylady scheinen etwas distrait zu sein – Ich werde mir wohl selbst die Kühnheit erlauben müssen. (Sehr laut.) Serenissimus schicken mich, Mylady zu fragen, ob diesen Abend Vauxhall sein werde oder teutsche Komödie?

Vierter Akt, 9. Szene

LADY (lachend aufstehend): Eines von beiden, mein Engel – Unterdessen bringen Sie Ihrem Herzog diese Karte zum Dessert! (Gegen Sophien.). Du, Sophie, befiehlst, dass man anspannen soll, und rufst meine ganze Garderobe in diesem Saal zusammen –

5 SOPHIE (geht ab voll Bestürzung): O Himmel! Was ahndet mir? Was wird das noch werden?

HOFMARSCHALL: Sie sind echauffiert, meine Gnädige?

LADY: Um so weniger wird hier gelogen sein – Hurra, Herr Hofmarschall! Es wird eine Stelle vakant. Gut Wetter für Kuppler.
10 (Da der Marschall einen zweifelhaften Blick auf den Zettel wirft.) Lesen Sie, lesen Sie!– Es ist mein Wille, dass der Inhalt nicht unter vier Augen bleibe.

HOFMARSCHALL (liest, unterdessen sammeln sich die Bedienten der Lady im Hintergrund):

15 »Gnädigster Herr,

Ein Vertrag, den Sie so leichtsinnig brachen, kann mich nicht mehr binden. Die Glückseligkeit Ihres Landes war die Bedingung meiner Liebe. Drei Jahre währte der Betrug. Die Binde fällt mir von den Augen; ich verabscheue Gunstbezeugungen, die von den Tränen der
20 Untertanen triefen. – Schenken Sie die Liebe, die ich Ihnen nicht mehr erwidern kann, Ihrem weinenden Lande und lernen von einer britischen Fürstin Erbarmen gegen Ihr teutsches Volk. In einer Stunde bin ich über der Grenze.

Johanna Norfolk.«

25 ALLE BEDIENTE (murmeln bestürzt durcheinander). Über der Grenze?

HOFMARSCHALL (legt die Karte erschrocken auf den Tisch): Behüte der Himmel, meine Beste und Gnädige! Den Überbringer müsste der Hals eben so jücken als der Schreiberin.

30 LADY: Das ist deine Sorge, du Goldmann – Leider weiß ich es, dass du und deinesgleichen am Nachbeten dessen, was andre getan haben, erwürgen! – Mein Rat wäre, man backte den Zettel in eine Wildbretpastete, so fänden ihn Serenissimus auf dem Teller –

HOFMARSCHALL: Ciel! Diese Vermessenheit! – So erwägen Sie
35 doch, so bedenken Sie doch, wie sehr Sie sich in Disgrace setzen, Lady!

LADY (wendet sich zu der versammelten Dienerschaft und spricht das Folgende mit der innigsten Rührung): Ihr steht bestürzt, guten Leute, erwartet angstvoll, wie sich das Rätsel entwickeln wird? –
40 Kommt näher, meine Lieben – Ihr dientet mir redlich und warm, sahet mir öfter in die Augen als ich die Börse, euer Gehorsam war eure Leidenschaft, euer Stolz – meine Gnade! – – Dass das Andenken eurer Treue zugleich das Gedächtnis meiner Erniedrigung sein muss! Trauriges Schicksal, dass meine schwärzesten Tage eure glücklichen
45 waren! (Mit Tränen in den Augen.) Ich entlasse euch, meine Kinder – – Lady Milford ist nicht mehr, und Johanna von Norfolk zu arm, ihre

65

Schuld abzutragen – Mein Schatzmeister stürze meine Schatulle unter euch – Dieser Palast bleibt dem Herzog – Der Ärmste von euch wird reicher von hinnen gehen als seine Gebieterin. (Sie reicht ihre Hände hin, die alle nach einander mit Leidenschaft küssen.) Ich verstehe

5 euch, meine Guten – Lebt wohl! Lebt ewig wohl! (Fasst sich aus ihrer Beklemmung.) Ich höre den Wagen vorfahren. (Sie reißt sich los, will hinaus, der Hofmarschall verrennt ihr den Weg.) Mann des Erbarmens, stehst du noch immer da?

HOFMARSCHALL (der diese ganze Zeit über mit einem

10 Geistesbankerott auf den Zettel sah): Und dieses Billet soll ich Seiner Hochfürstlichen Durchlaucht zu höchsteigenen Händen geben?

LADY: Mann des Erbarmens! zu höchsteigenen Händen, und sollst melden zu höchsteigenen Ohren, weil ich nicht barfuß nach Loretto könne, so werde ich um den Taglohn arbeiten, mich zu reinigen von

15 dem Schimpf, ihn beherrscht zu haben.

(Sie eilt ab. Alle Übrigen gehen sehr bewegt auseinander.)

Fünfter Akt

ERSTE SZENE

Luise sitzt stumm und ohne sich zu rühren in dem finstersten Winkel des Zimmers, den Kopf auf den Arm gesunken. Nach einer großen und tiefen Pause kommt Miller mit einer Handlaterne, leuchtet ängstlich im Zimmer herum, ohne Luisen zu bemerken, dann legt er den Hut auf den Tisch und setzt die Laterne nieder.

MILLER: Hier ist sie auch nicht. Hier wieder nicht – Durch alle Gassen bin ich gezogen, bei allen Bekannten bin ich gewesen, auf allen Toren hab ich gefragt – Mein Kind hat man nirgends gesehen. (Nach einigem Stillschweigen.) Geduld, armer, unglücklicher Vater. Warte ab, bis es Morgen wird. Vielleicht kommt deine Einzige dann ans Ufer geschwommen – – Gott! Gott! Wenn ich mein Herz zu abgöttisch an diese Tochter hing? – Die Strafe ist hart. Himmlischer Vater, hart! Ich will nicht murren, himmlischer Vater, aber die Strafe ist hart. (Er wirft sich gramvoll in einen Stuhl.)

LUISE (spricht aus dem Winkel): Du tust recht, armer alter Mann! Lerne bei Zeit noch verlieren.

MILLER (springt auf): Bist du da, mein Kind? Bist du? – Aber warum denn so einsam und ohne Licht?

LUISE: Ich bin darum doch nicht einsam. Wenn's so recht schwarz wird um mich herum, hab ich meine besten Besuche.

MILLER: Gott bewahre dich! Nur der Gewissenswurm schwärmt mit der Eule. Sünden und böse Geister scheuen das Licht.

LUISE: Auch die Ewigkeit, Vater, die mit der Seele ohne Gehilfen redet.

MILLER: Kind! Kind! Was für Reden sind das?

LUISE (steht auf und kommt vorwärts): Ich hab einen harten Kampf gekämpft. Er weiß es, Vater. Gott gab mir Kraft. Der Kampf ist entschieden. Vater! man pflegt unser Geschlecht zart und zerbrechlich zu nennen. Glaub Er das nicht mehr. Vor einer Spinne schütteln wir uns, aber das schwarze Ungeheuer Verwesung drücken wir im Spaß in die Arme. Dieses zur Nachricht, Vater. Seine Luise ist lustig.

MILLER: Höre, Tochter! ich wollte, du heultest. Du gefielst mir so besser.

LUISE: Wie ich ihn überlisten will, Vater! Wie ich den Tyrannen betrügen will! – Die Liebe ist schlauer als die Bosheit und kühner – das hat er nicht gewusst, der Mann mit dem traurigen Stern – Oh! sie sind pfiffig, so lang sie es nur mit dem Kopf zu tun haben, aber sobald sie mit dem Herzen anbinden, werden die Böswichter dumm – – Mit einem Eid gedachte er seinen Betrug zu versiegeln? Eide, Vater, binden wohl die Lebendigen, im Tode schmilzt auch der Sakramente

67

eisernes Band. Ferdinand wird seine Luise kennen – Will Er mir dies Billet besorgen, Vater? Will Er so gut sein?

MILLER: An wen, meine Tochter?

LUISE: Seltsame Frage! Die Unendlichkeit und mein Herz haben
5   miteinander nicht Raum genug für einen einzigen Gedanken an ihn – Wenn hätt ich denn wohl an sonst jemand schreiben sollen?

MILLER: (unruhig): Höre, Luise! Ich erbreche den Brief.

LUISE: Wie Er will, Vater – aber Er wird nicht klug daraus werden. Die Buchstaben liegen wie kalte Leichname da und leben nur dem
10 Auge der Liebe.

MILLER: (liest): »Du bist verraten, Ferdinand – Ein Bubenstück ohne Beispiel zerriss den Bund unsrer Herzen, aber ein schröcklicher Schwur hat meine Zunge gebunden, und dein Vater hat überall seine Horcher gestellt. Doch wenn du Mut hast, Geliebter – ich weiß einen
15 dritten Ort, wo kein Eidschwur mehr bindet und wohin ihm kein Horcher geht.« (Miller hält inne und sieht ihr ernsthaft ins Gesicht.)

LUISE: Warum sieht Er mich so an? Les Er doch ganz aus, Vater.

MILLER: »Aber Mut genug musst du haben, eine finstre Straße zu wandeln, wo dir nichts leuchtet als deine Luise und Gott – Ganz zur
20 Liebe musst du kommen, daheim lassen all deine Hoffnungen und all deine brausenden Wünsche; nichts kannst du brauchen als dein Herz. Willst du – so brich auf, wenn die Glocke den zwölften Streich tut auf dem Karmeliterturm. Bangt dir – so durchstreiche das Wort stark vor deinem Geschlechte, denn ein Mädchen hat dich zuschanden
25 gemacht.« (Miller legt das Billet nieder, schaut lange mit einem schmerzlichen starren Blick vor sich hinaus, endlich kehrt er sich gegen sie und sagt mit leiser, gebrochener Stimme.) Und dieser dritte Ort, meine Tochter?

LUISE: Er kennt ihn nicht, Er kennt ihn wirklich nicht, Vater? –
30 Sonderbar! Der Ort ist zum Finden gemalt. Ferdinand wird ihn finden.

MILLER: Hum! rede deutlicher.

LUISE: Ich weiß soeben kein liebliches Wort dafür – Er muss nicht erschrecken, Vater, wenn ich Ihm ein hässliches nenne. Dieser Ort – O warum hat die Liebe nicht Namen erfunden! Den schönsten hätte sie
35 diesem gegeben. Der dritte Ort, guter Vater – aber Er muss mich ausreden lassen – der dritte Ort ist das Grab.

MILLER (zu einem Sessel hinwankend): O mein Gott!

LUISE (geht auf ihn zu und hält ihn): Nicht doch, mein Vater! Das sind nur Schauer, die sich um das Wort herumlagern – Weg mit
40 diesem, und es liegt ein Brautbette da, worüber der Morgen seinen goldenen Teppich breitet und die Frühlinge ihre bunten Girlanden streun. Nur ein heulender Sünder konnte den Tod ein Gerippe schelten; es ist ein holder niedlicher Knabe, blühend, wie sie den Liebesgott malen, aber so tückisch nicht – ein stiller dienstbarer
45 Genius, der der erschöpften Pilgerin Seele den Arm bietet über den

Graben der Zeit, das Feenschloss der ewigen Herrlichkeit aufschließt, freundlich nickt und verschwindet.

MILLER: Was hast du vor, meine Tochter? – Du willst eigenmächtig Hand an dich legen.

5 LUISE: Nenn Er es nicht so, mein Vater. Eine Gesellschaft räumen, wo ich nicht wohlgelitten bin – An einen Ort vorausspringen, den ich nicht länger missen kann – Ist denn das Sünde?

MILLER: Selbstmord ist die abscheulichste, mein Kind – die einzige, die man nicht mehr bereuen kann, weil Tod und Missetat 10 zusammenfallen.

LUISE (bleibt erstarrt stehn): Entsetzlich! – Aber so rasch wird es doch nicht gehn. Ich will in den Fluss springen, Vater, und im Hinuntersinken Gott den Allmächtigen um Erbarmen bitten.

MILLER: Das heißt, du willst den Diebstahl bereuen, sobald du das 15 Gestohlene in Sicherheit weißt – Tochter! Tochter! Gib Acht, dass du Gottes nicht spottest, wenn du seiner am meisten vonnöten hast. Oh! es ist weit! weit mit dir gekommen! – Du hast dein Gebet aufgegeben, und der Barmherzige zog seine Hand von dir.

LUISE: Ist lieben denn Frevel, mein Vater?

20 MILLER: Wenn du Gott liebst, wirst du nie bis zum Frevel lieben – – Du hast mich tief gebeugt, meine Einzige! tief, tief, vielleicht zur Grube gebeugt. – Doch! ich will dir dein Herz nicht noch schwerer machen – Tochter! ich sprach vorhin etwas. Ich glaubte allein zu sein. Du hast mich behorcht, und warum sollt ich's noch länger geheim 25 halten? Du warst mein Abgott. Höre, Luise, wenn du noch Platz für das Gefühl eines Vaters hast – Du warst mein Alles. Jetzt vertust du nichts mehr von deinem Eigentum. Auch ich hab alles zu verlieren. Du siehst, mein Haar fängt an grau zu werden. Die Zeit meldet sich allgemach bei mir, wo uns Vätern die Kapitale zustatten kommen, die 30 wir im Herzen unsrer Kinder anlegten – Wirst du mich darum betrügen, Luise? Wirst du dich mit dem Hab und Gut deines Vaters auf und davon machen?

LUISE (küsst seine Hand mit der heftigsten Rührung): Nein, mein Vater. Ich gehe als Seine große Schuldnerin aus der Welt und werde 35 in der Ewigkeit mit Wucher bezahlen.

MILLER: Gib Acht, ob du dich da nicht verrechnest, mein Kind? (Sehr ernst und feierlich.) Werden wir uns dort wohl noch finden? – – Sieh! wie du blass wirst! – Meine Luise begreift es von selbst, dass ich sie in jener Welt nicht mehr wohl einholen kann, weil ich nicht so früh 40 dahin eile wie sie – (Luise stürzt ihm in den Arm, von Schauern ergriffen – Er drückt sie mit Feuer an seine Brust und fährt fort mit beschwörender Stimme) O Tochter! Tochter! Gefallene, vielleicht schon verlorene Tochter! Beherzige das ernsthafte Vaterwort! Ich kann nicht über dich wachen. Ich kann dir die Messer nehmen, du 45 kannst dich mit einer Stricknadel töten. Für Gift kann ich dich bewahren, du kannst dich mit einer Schnur Perlen erwürgen. – Luise – Luise – nur warnen kann ich dich noch – Willst du es darauf ankommen lassen, dass dein treuloses Gaukelbild auf der schröcklichen Brücke zwischen Zeit und Ewigkeit von dir weiche? Willst du dich vor des Allwissenden Thron mit der Lüge wagen: Deinetwegen, Schöpfer, bin ich da! – wenn deine strafbaren Augen

5 ihre sterbliche Puppe suchen? – Und wenn dieser zerbrechliche Gott deines Gehirns, jetzt Wurm wie du, zu den Füßen deines Richters sich windet, deine gottlose Zuversicht in diesem schwankenden Augenblick Lügen straft und deine betrogenen Hoffnungen an die ewige Erbarmung verweist, die der Elende für sich selbst kaum

10 erflehen kann – Wie dann? (Nachdrücklicher, lauter.) Wie dann, Unglückselige? (Er hält sie fester, blickt sie eine Weile starr und durchdringend an, dann verlässt er sie schnell.) Jetzt weiß ich nichts mehr – (mit aufgehobener Rechte) stehe dir, Gott Richter! für diese Seele nicht mehr. Tu, was du willst. Bring deinem schlanken Jüngling

15 ein Opfer, dass deine Teufel jauchzen und deine guten Engel zurücktreten – Zieh hin! Lade alle deine Sünden auf, lade auch diese, die letzte, die entsetzlichste auf, und wenn die Last noch zu leicht ist, so mache mein Fluch das Gewicht vollkommen – Hier ist ein Messer – durchstich dein Herz und (indem er laut weinend fortstürzen will)

20 das Vaterherz!

LUISE (springt auf und eilt ihm nach): Halt! Halt! O mein Vater! – Dass die Zärtlichkeit noch barbarischer zwingt als Tyrannenwut! – Was soll ich? Ich kann nicht! Was muss ich tun?

MILLER: Wenn die Küsse deines Majors heißer brennen als die

25 Tränen deines Vaters – stirb!

LUISE (nach einem qualvollen Kampf mit einiger Festigkeit): Vater! Hier ist meine Hand! Ich will – Gott! Gott! Was tu ich? was will ich? – Vater, ich schwöre – Wehe mir, wehe! Verbrecherin, wohin ich mich neige! – Vater, es sei! – Ferdinand – Gott sieht herab! – So

30 zernicht ich sein letztes Gedächtnis. (Sie zerreißt den Brief.)

MILLER (stürzt ihr freudetrunken an den Hals): Das ist meine Tochter! – Blick auf! Um einen Liebhaber bist du leichter, dafür hast du einen glücklichen Vater gemacht. (Unter Lachen und Weinen sie umarmend.) Kind! Kind, das ich den Tag meines Lebens nicht wert

35 war! Gott weiß, wie ich schlechter Mann zu diesem Engel gekommen bin! – Mein Luise, mein Himmelreich! – O Gott! ich verstehe ja wenig vom Lieben, aber dass es eine Qual sein muss, aufzuhören – so was begreif ich noch.

LUISE: Doch hinweg aus dieser Gegend, mein Vater – Weg von der

40 Stadt, wo meine Gespielinnen meiner spotten und mein guter Name dahin ist auf immerdar – Weg, weg, weit weg von dem Ort, wo mich so viele Spuren der verlorenen Seligkeit anreden. Weg, wenn es möglich ist –

MILLER. Wohin du nur willst, meine Tochter. Das Brod unsers

45 Herrgotts wächst überall, und Ohren wird er auch meiner Geige bescheren. Ja! lass auch alles dahingehn – Ich setze die Geschichte deines Grams auf die Laute, singe dann ein Lied von der Tochter, die, ihren Vater zu ehren, ihr Herz zerriss – wir betteln mit der Ballade von

Türe zu Türe, und das Almosen wird köstlich schmecken von den
Händen der Weinenden –

ZWEITE SZENE

Ferdinand zu den Vorigen.

5 LUISE (wird ihn zuerst gewahr und wirft sich Millern laut schreiend
um den Hals): Gott! Da ist er! Ich bin verloren.

MILLER: Wo? Wer?

LUISE (zeigt mit abgewandtem Gesicht auf den Major und drückt
sich fester an ihren Vater): Er! Er selbst – Seh Er nur um sich, Vater –
10 Mich zu ermorden ist er da!

MILLER (erblickt ihn, fährt zurück): Was? Sie hier, Baron?

FERDINAND (kommt langsam näher, bleibt Luisen gegenüber stehen
und lässt den starren forschenden Blick auf ihr ruhen, nach einer
Pause): Überraschtes Gewissen, habe Dank! Dein Bekenntnis ist
15 schrecklich, aber schnell und gewiss, und erspart mir die Folterung. –
Guten Abend, Miller.

MILLER: Aber um Gottes willen! Was wollen Sie, Baron? Was führt
Sie her? Was soll dieser Überfall?

FERDINAND: Ich weiß eine Zeit, wo man den Tag in seine Sekunden
20 zerstückte, wo Sehnsucht nach mir sich an die Gewichte der
zögernden Wanduhr hing und auf den Aderschlag lauerte, unter dem
ich erscheinen sollte – Wie kommt's, dass ich jetzt überrasche?

MILLER: Gehen Sie, gehen Sie, Baron – Wenn noch ein Funke von
Menschlichkeit in Ihrem Herzen zurückblieb – Wenn Sie die nicht
25 erwürgen wollen, die Sie zu lieben vorgeben, fliehen Sie, bleiben Sie
keinen Augenblick länger. Der Segen war fort aus meiner Hütte,
sobald Sie einen Fuß darein setzten – Sie haben das Elend unter mein
Dach gerufen, wo sonst nur die Freude zu Hause war. Sind Sie noch
nicht zufrieden? Wollen Sie auch in der Wunde noch wühlen, die Ihre
30 unglückliche Bekanntschaft meinem einzigen Kinde schlug?

FERDINAND: Wunderlicher Vater, jetzt komm ich ja, deiner Tochter
etwas Erfreuliches zu sagen.

MILLER: Neue Hoffnungen etwa zu einer neuen Verzweiflung? –
Geh, Unglücksbote! Dein Gesicht schimpft deine Ware.

35 FERDINAND: Endlich ist es erschienen, das Ziel meiner
Hoffnungen! Lady Milford, das furchtbarste Hindernis unsrer Liebe,
floh diesen Augenblick aus dem Lande. Mein Vater billigt meine
Wahl. Das Schicksal lässt nach, uns zu verfolgen. Unsere glücklichen
Sterne gehen auf – Ich bin just da, mein gegebenes Wort einzulösen
40 und meine Braut zum Altar abzuholen.

MILLER: Hörst du ihn, meine Tochter? Hörst du ihn sein Gespötte
mit deinen getäuschten Hoffnungen treiben? O wahrlich, Baron! es

steht dem Verführer so schön, an seinem Verbrechen seinen Witz
noch zu kützeln.

FERDINAND: Du glaubst, ich scherze. Bei meiner Ehre nicht! Meine
Aussage ist wahr, wie die Liebe meiner Luise, und heilig will ich sie
5 halten, wie sie ihre Eide – Ich kenne nichts Heiligeres – Noch
zweifelst du? noch kein freudiges Erröten auf den Wangen meiner
schönen Gemahlin? Sonderbar! Die Lüge muss hier gangbare Münze
sein, wenn die Wahrheit so wenig Glauben findet. Ihr misstraut
meinen Worten? So glaubt diesem schriftlichen Zeugnis. (Er wirft
10 Luisen den Brief an den Marschall zu.)

LUISE (schlägt ihn auseinander und sinkt leichenblass nieder).

MILLER (ohne das zu bemerken, zum Major): Was soll das bedeuten,
Baron? Ich verstehe Sie nicht.

FERDINAND (führt ihn zu Luisen hin): Desto besser hat mich diese
15 verstanden!

MILLER (fällt an ihr nieder): O Gott! meine Tochter!

FERDINAND: Bleich wie der Tod! – Jetzt erst gefällt sie mir, deine
Tochter! So schön war sie nie, die fromme, rechtschaffene Tochter –
Mit diesem Leichengesicht – – Der Odem des Weltgerichts, der den
20 Firnis von jeder Lüge streift, hat jetzt die Schminke verblasen, womit
die Tausendkünstlerin auch die Engel des Lichts hintergangen hat – Es
ist ihr schönstes Gesicht! Es ist ihr erstes wahres Gesicht! Lass mich
es küssen. (Er will auf sie zugehen.)

MILLER: Zurück! Weg! Greife nicht an das Vaterherz, Knabe! Vor
25 deinen Liebkosungen konnt' ich sie nicht bewahren, aber ich kann es
vor deinen Misshandlungen.

FERDINAND: Was willst du, Graukopf? Mit dir hab ich nichts zu
schaffen. Menge dich ja nicht in ein Spiel, das so offenbar verloren ist
– oder bist du auch vielleicht klüger, als ich dir zugetraut habe? Hast
30 du die Weisheit deiner sechzig Jahre zu den Buhlschaften deiner
Tochter geborgt und dies ehrwürdige Haar mit dem Gewerb eines
Kupplers geschändet? – Oh! wenn das nicht ist, unglücklicher alter
Mann, lege dich nieder und stirb – Noch ist es Zeit. Noch kannst du in
dem süßen Taumel entschlafen: Ich war ein glücklicher Vater! – Einen
35 Augenblick später, und du schleuderst die giftige Natter ihrer
höllischen Heimat zu, verfluchst das Geschenk und den Geber und
fährst mit der Gotteslästerung in die Grube. (Zu Luisen.) Sprich,
Unglückselige! Schriebst du diesen Brief?

MILLER (warnend zu Luisen): Um Gottes Willen, Tochter! Vergiss
40 nicht! Vergiss nicht!

LUISE: O dieser Brief, mein Vater –

FERDINAND: Dass er in die unrechten Hände fiel? – Gepriesen sei
mir der Zufall, er hat größere Taten getan als die klügelnde Vernunft
und wird besser bestehn an jenem Tag als der Witz aller Weisen –
45 Zufall, sage ich? – O die Vorsehung ist dabei, wenn Sperlinge fallen,

warum nicht, wo ein Teufel entlarvt werden soll? – Antwort will ich!
– Schriebst du diesen Brief?

MILLER (seitwärts zu ihr mit Beschwörung): Standhaft! Standhaft,
meine Tochter! Nur noch das einzige Ja, und alles ist überwunden.

5 FERDINAND: Lustig! Lustig! Auch der Vater betrogen. Alles
betrogen! Nun sieh, wie sie dasteht, die Schändliche, und selbst ihre
Zunge nun ihrer letzten Lüge den Gehorsam aufkündigt! Schwöre bei
Gott! bei dem fürchterlich wahren! Schriebst du diesen Brief?

UISE (nach einem qualvollen Kampf, worin sie durch Blicke mit
10 ihrem Vater gesprochen hat, fest und entscheidend): Ich schrieb ihn.

FERDINAND (bleibt erschrocken stehen): Luise! – Nein! So wahr
meine Seele lebt! du lügst – Auch die Unschuld bekennt sich auf der
Folterbank zu Freveln, die sie nie beging – Ich fragte zu heftig – Nicht
wahr, Luise – Du bekanntest nur, weil ich zu heftig fragte?

15 LUISE: Ich bekannte, was wahr ist.

FERDINAND: Nein sag ich! nein! nein! Du schriebst nicht. Es ist
deine Hand gar nicht – Und wäre sie's, warum sollten Handschriften
schwerer nachzumachen sein, als Herzen zu verderben? Rede mir
wahr, Luise – oder nein, nein, tu es nicht, du könntest Ja sagen, und
20 ich wär verloren – Eine Lüge, Luise – eine Lüge – O wenn du jetzt
eine wüsstest, mir hinwärfest mit der offenen Engelmiene, nur mein
Ohr, nur mein Aug überredetest, dieses Herz auch noch so abscheulich
täuschtest – O Luise! Alle Wahrheit möchte dann mit diesem Hauch
aus der Schöpfung wandern und die gute Sache ihren starren Hals von
25 nun an zu einem höfischen Bückling beugen! (Mit scheuem bebendem
Ton.) Schriebst du diesen Brief?

LUISE: Bei Gott! bei dem fürchterlich wahren! Ja!

FERDINAND (nach einer Pause, im Ausdruck des tiefsten
Schmerzes): Weib! Weib! – Das Gesicht, mit dem du jetzt vor mir
30 stehst! – Teile mit diesem Gesicht Paradiese aus, du wirst selbst im
Reich der Verdammnis keinen Käufer finden – Wusstest du, was du
mir warst, Luise? Ohnmöglich! Nein! Du wusstest nicht, dass du mir
alles warst! Alles! – Es ist ein armes verächtliches Wort, aber die
Ewigkeit hat Mühe, es zu umwandern; Weltsysteme vollenden ihre
35 Bahnen darin – Alles! und so frevelhaft damit zu spielen – O es ist
schrecklich –

LUISE: Sie haben mein Geständnis, Herr von Walter. Ich habe mich
selbst verdammt. Gehen Sie nun! Verlassen Sie ein Haus, wo Sie so
unglücklich waren.

40 FERDINAND: Gut! Gut! Ich bin ja ruhig – ruhig, sagt man ja, ist
auch der schaudernde Strich Landes, worüber die Pest ging – ich
bin's. (Nach einigem Nachdenken.) Noch eine Bitte, Luise – die
letzte! Mein Kopf brennt so fieberisch. Ich brauche Kühlung – Willst
du mir ein Glas Limonade zurecht machen? (Luise geht ab.)

DRITTE SZENE

Ferdinand und Miller.

(Beide gehen, ohne ein Wort zu reden, einige Pausen lang auf den entgegengesetzten Seiten des Zimmers auf und ab).

5   MILLER (bleibt endlich stehen und betrachtet den Major mit trauriger Miene): Lieber Baron, kann es Ihren Gram vielleicht mindern, wenn ich Ihnen gestehe, dass ich Sie herzlich bedaure?

FERDINAND: Lass Er es gut sein, Miller. (Wieder einige Schritte.) Miller, ich weiß nur kaum noch, wie ich in Sein Haus kam – Was war
10   die Veranlassung?

MILLER: Wie, Herr Major? Sie wollten ja Lektion auf der Flöte bei mir nehmen. Das wissen Sie nicht mehr?

FERDINAND (rasch): Ich sah Seine Tochter. (Wiederum einige Pausen.) Er hat nicht Wort gehalten, Freund. Wir akkordierten Ruhe
15   für meine einsamen Stunden. Er betrog mich und verkaufte mir Skorpionen. (Da er Millers Bewegung sieht.) Nein! erschrick nur nicht, alter Mann. (Gerührt an seinem Hals.) Du bist nicht schuldig.

MILLER (die Augen wischend): Das weiß der allwissende Gott!

FERDINAND (aufs neue hin und her, in düstres Grübeln versunken):
20   Seltsam, o unbegreiflich seltsam spielt Gott mit uns. An dünnen unmerkbaren Seilen hängen oft fürchterliche Gewichte – Wüsste der Mensch, dass er an diesem Apfel den Tod essen sollte – Hum! – Wüsste er das? (Heftiger auf und nieder, dann Millers Hand mit starker Bewegung fassend.) Mann! Ich bezahle dir dein bisschen Flöte
25   zu teuer – – und du gewinnst nicht einmal – auch du verlierst – verlierst vielleicht alles. (Gepresst von ihm weggehend.) Unglückseliges Flötenspiel, das mir nie hätte einfallen sollen.

MILLER (sucht seine Rührung zu verbergen): Die Limonade bleibt auch gar zu lang außen. Ich denke, ich sehe nach, wenn Sie mir's nicht
30   für übel nehmen –

FERDINAND: Es eilt nicht, lieber Miller. (Vor sich hinmurmelnd.) Zumal für den Vater nicht – Bleib Er nur – Was hatt' ich doch fragen wollen? – Ja! – Ist Luise Seine einzige Tochter? Sonst hat Er keine Kinder mehr?

35   MILLER (warm): Habe sonst keins mehr, Baron – wünsch mir auch keins mehr. Das Mädel ist just so recht, mein ganzes Vaterherz einzustecken – hab meine ganze Barschaft von Liebe an der Tochter schon zugesetzt.

FERDINAND (heftig erschüttert): Ha! – – Seh Er doch lieber nach
40   dem Trank, guter Miller. (Miller ab.)

VIERTE SZENE

Ferdinand allein.

Das einzige Kind! – Fühlst du das, Mörder? Das einzige! Mörder!
hörst du, das einzige? – Und der Mann hat auf der großen Welt Gottes
5 nichts als sein Instrument und das einzige – Du willst's ihm rauben?

Rauben? – Rauben den letzten Notpfenning einem Bettler? Die
Krücke zerbrochen vor die Füße werfen dem Lahmen? Wie? Hab ich
auch Brust für das? – – Und wenn er nun heimeilt und nicht erwarten
kann, die ganze Summe seiner Freuden vom Gesicht dieser Tochter
10 herunter zu zählen, und hereintritt, und sie da liegt, die Blume – welk
– tot – zertreten, mutwillig, die letzte, einzige, unüberschwängliche
Hoffnung – Ha! und er dasteht, vor ihr, und dasteht und ihm die ganze
Natur den lebendigen Odem anhält, und sein erstarrter Blick die
entvölkerte Unendlichkeit fruchtlos durchwandert, Gott sucht, und
15 Gott nicht mehr finden kann, und leerer zurückkommt – – Gott! Gott!
aber auch mein Vater hat diesen einzigen Sohn – den einzigen Sohn,
doch nicht den einzigen Reichtum – (Nach einer Pause.) Doch wie?
was verliert er denn? Das Mädchen, dem die heiligsten Gefühle der
Liebe nur Puppen waren, wird es den Vater glücklich machen
20 können? – Es wird nicht! Es wird nicht! Und ich verdiene noch Dank,
dass ich die Natter zertrete, ehe sie auch noch den Vater verwundet.

FÜNFTE SZENE

Miller, der zurückkommt, und Ferdinand.

MILLER: Gleich sollen Sie bedient sein, Baron. Draußen sitzt das
25 arme Ding und will sich zu Tode weinen. Sie wird Ihnen mit der
Limonade auch Tränen zu trinken geben.

FERDINAND: Und wohl, wenn's nur Tränen wären! – – Weil wir
vorhin von der Musik sprachen, Miller – (Eine Börse ziehend.) Ich bin
noch Sein Schuldner.

30 MILLER: Wie? Was? Gehen Sie mir, Baron! Wofür halten Sie mich?
Das steht ja in guter Hand, tun Sie mir doch den Schimpf nicht an, und
sind wir ja, will's Gott, nicht das letzte Mal beieinander.

FERDINAND: Wer kann das wissen? Nehm Er nur. Es ist für Leben
und Sterben.

35 MILLER (lachend): O deswegen, Baron! Auf den Fall, denk ich, kann
man's wagen bei Ihnen.

FERDINAND: Man wagte wirklich – Hat Er nie gehört, dass
Jünglinge gefallen sind – Mädchen und Jünglinge, die Kinder der
Hoffnung, die Luftschlösser betrogener Väter – Was Wurm und Alter
40 nicht tun, kann oft ein Donnerschlag ausrichten – Auch Seine Luise ist
nicht unsterblich.

MILLER: Ich hab sie von Gott.

FERDINAND: Hör Er – Ich sag Ihm, sie ist nicht unsterblich. Diese Tochter ist Sein Augapfel. Er hat sich mit Herz und Seel an diese Tochter gehängt. Sei Er vorsichtig, Miller. Nur ein verzweifelter Spieler setzt alles auf einen einzigen Wurf. Einen Waghals nennt man
5 den Kaufmann, der auf ein Schiff sein ganzes Vermögen ladet – Hör Er, denk Er der Warnung nach – – Aber warum nimmt Er Sein Geld nicht?

MILLER: Was, Herr? die ganze allmächtige Börse? Wohin denken Eure Gnaden?

10 FERDINAND: Auf meine Schuldigkeit – Da! (Er wirft den Beutel auf den Tisch, dass Goldstücke herausfallen.) Ich kann den Quark nicht eine Ewigkeit so halten.

MILLER (bestürzt): Was beim großen Gott? Der klang nicht wie Silbergeld! (Er tritt zum Tisch und ruft mit Entsetzen.) Wie, um aller
15 Himmel willen, Baron? Baron? Wo sind Sie? Was treiben Sie, Baron? Das nenn ich mir Zerstreuung! (Mit zusammengeschlagenen Händen.) Hier liegt ja – oder bin ich verhext, – oder – Gott verdamm mich! Da greif ich ja das bare, gelbe, leibhaftige Gottesgold – – Nein, Satanas! Du sollst mich nicht darankriegen!

20 FERDINAND: Hat Er Alten oder Neuen getrunken, Miller?

MILLER (grob): Donner und Wetter! Da schauen Sie nur hin! – Gold!

FERDINAND: Und was nun weiter?

MILLER: Ins Henkers Namen – ich sage – ich bitte Sie um Gottes Christi willen – Gold!

25 FERDINAND: Das ist nun freilich etwas Merkwürdiges.

MILLER (nach einigem Stillschweigen zu ihm gehend, mit Empfindung): Gnädiger Herr, ich bin ein schlichter, gerader Mann, wenn Sie mich etwa zu einem Bubenstück anspannen wollen – denn so viel Geld lässt sich, weiß Gott, nicht mit etwas Gutem verdienen.

30 FERDINAND (bewegt): Sei Er ganz getrost, lieber Miller. Das Geld hat Er längst verdient, und Gott bewahre mich, dass ich mich mit Seinem guten Gewissen dafür bezahlt machen sollte.

MILLER (wie ein Halbnarr in die Höhe springend): Mein also! Mein! Mit des guten Gottes Wissen und Willen, mein! (Nach der Tür
35 laufend, schreiend.) Weib! Tochter! Victoria! Herbei! (Zurückkommend.) Aber du lieber Himmel! wie komm ich denn so auf einmal zu dem ganzen grausamen Reichtum? Wie verdien ich ihn? lohn ich ihn? Heh?

FERDINAND: Nicht mit Seinen Musikstunden, Miller – Mit dem
40 Geld hier bezahl ich Ihm, (von Schauern ergriffen hält er inne) bezahl ich Ihm (nach einer Pause mit Wehmut) den drei Monat langen glücklichen Traum von Seiner Tochter.

MILLER (fasst seine Hand, die er stark drückt): Gnädiger Herr! Wären Sie ein schlechter, geringer Bürgersmann – (rasch) und mein
45 Mädel liebte Sie nicht – Erstechen wollt ich's, das Mädel. (Wieder

beim Geld, darauf niedergeschlagen.) Aber da hab ich ja nun alles und Sie nichts, und da werd ich nun das ganze Gaudium wieder herausblechen müssen? Heh?

FERDINAND: Lass Er sich das nicht anfechten, Freund – – Ich reise
5 ab, und in dem Land, wo ich mich zu setzen gedenke, gelten die Stempel nicht.

MILLER (unterdessen mit unverwandten Augen auf das Gold hingeheftet, voll Entzückung): Bleibt's also mein? Bleibt's? – Aber das tut mir nur Leid, dass Sie verreisen – Und wart, was ich jetzt
10 auftreten will! Wie ich die Backen jetzt vollnehmen will! (Er setzt den Hut auf und schießt durch das Zimmer.) Und auf den Markt will ich und meine Musikstunden geben und Numero fünfe Dreikönig rauchen, und wenn ich wieder auf dem Dreibatzenplatz sitze, soll mich der Teufel holen. (Will fort.)

15 FERDINAND: Bleib Er! Schweig Er! und streich Er sein Geld ein. (Nachdrücklich.) Nur diesen Abend noch schweig Er und geb Er, mir zu Gefallen, von nun an keine Musikstunden mehr.

MILLER (noch hitziger und ihn hart an der Weste fassend, voll inniger Freude): Und Herr! meine Tochter! (Ihn werden loslassen.)
20 Geld macht den Mann nicht – Geld nicht – Ich habe Kartoffeln gegessen oder ein wildes Huhn; satt ist satt, und dieser Rock da ist ewig gut, wenn Gottes liebe Sonne nicht durch den Ärmel scheint – Für mich ist das Plunder – Aber dem Mädel soll der Segen bekommen; was ich ihr nur an den Augen absehen kann, soll sie
25 haben –

FERDINAND (fällt rasch ein): Stille, o stille –

MILLER (immer feuriger): Und soll mir Französisch lernen aus dem Fundament und Menuett–Tanzen und Singen, dass man's in den Zeitungen lesen soll; und eine Haube soll sie tragen wie die
30 Hofratstöchter und einen Kidebarri, wie sie's heißen, und von der Geigerstochter soll man reden auf vier Meilen weit –

FERDINAND (ergreift seine Hand mit der schrecklichsten Bewegung): Nichts mehr! Nichts mehr! Um Gotteswillen, schweig Er still! Nur noch heute schweig Er still, das sei der einzige Dank, den
35 ich von Ihm fordre.

SECHSTE SZENE

Luise mit der Limonade, und die Vorigen.

LUISE (mit rotgeweinten Augen und zitternder Stimme, indem sie dem Major das Glas auf einem Teller bringt): Sie befehlen, wenn sie
40 nicht stark genug ist?

FERDINAND (nimmt das Glas, setzt es nieder und dreht sich rasch gegen Millern): O beinahe hätt ich das vergessen! – Darf ich Ihn um etwas bitten, lieber Miller? Will Er mir einen kleinen Gefallen tun?

MILLER: Tausend für einen! Was befehlen – –

FERDINAND: Man wird mich bei der Tafel erwarten. Zum Unglück hab ich eine sehr böse Laune. Es ist mir ganz unmöglich, unter Menschen zu gehn – Will Er einen Gang tun zu meinem Vater und mich entschuldigen?

5 LUISE (erschrickt und fällt schnell ein): Den Gang kann ja ich tun.

MILLER: Zum Präsidenten?

FERDINAND: Nicht zu ihm selbst. Er übergibt Seinen Auftrag in der Garderobe einem Kammerdiener – Zu Seiner Legitimation ist hier meine Uhr – Ich bin noch da, wenn Er wiederkommt. – Er wartet auf
10 Antwort.

LUISE (sehr ängstlich): Kann denn ich das nicht auch besorgen?

FERDINAND (zu Millern, der eben fort will): Halt, und noch etwas! Hier ist ein Brief an meinen Vater, der diesen Abend an mich eingeschlossen kam – Vielleicht dringende Geschäfte – Es geht in
15 einer Bestellung hin –

MILLER: Schon gut, Baron!

LUISE (hängt sich an ihn, in der entsetzlichsten Bangigkeit): Aber, mein Vater, Dies alles könnt ich ja recht gut besorgen.

MILLER: Du bist allein, und es ist finstre Nacht, meine Tochter. (Ab.)

20 FERDINAND: Leuchte deinem Vater, Luise: (Währenddem, dass sie Millern mit dem Licht begleitet, tritt er zum Tisch und wirft Gift in ein Glas Limonade.) Ja! sie soll dran! Sie soll! Die obern Mächte nicken mir ihr schreckliches Ja herunter, die Rache des Himmels unterschreibt, ihr guter Engel lässt sie fahren –

25 **SIEBENTE SZENE**

Ferdinand und Luise.

Sie kommt langsam mit dem Lichte zurück, setzt es nieder und stellt sich auf die entgegengesetzte Seite vom Major, das Gesicht auf den Boden geschlagen und nur zuweilen furchtsam und verstohlen nach
30 ihm hinüberschielend. Er steht auf der andern Seite und sieht starr vor sich hinaus.

(Großes Stillschweigen, das diesen Auftritt ankündigen muss.)

LUISE: Wollen Sie mich akkompagnieren, Herr von Walter, so mach ich einen Gang auf dem Fortepiano. (Sie öffnet den Pantalon.)

35 (Ferdinand gibt keine Antwort. Pause.)

LUISE: Sie sind mir auch noch Revanche auf dem Schachbrett schuldig. Wollen wir eine Partie, Herr von Walter?

(Eine neue Pause.)

LUISE: Herr von Walter, die Brieftasche, die ich Ihnen einmal zu
40 sticken versprochen – Ich habe sie angefangen – Wollen Sie das Dessin nicht besehen?

(Wieder eine Pause.)

LUISE: O ich bin sehr elend!

FERDINAND (in der bisherigen Stellung): Das könnte wahr sein.

LUISE: Meine Schuld ist es nicht, Herr von Walter, dass Sie so
5 schlecht unterhalten werden.

FERDINAND (lacht beleidigend vor sich hin): Denn was kannst du
für meine blöde Bescheidenheit?

LUISE: Ich hab es ja wohl gewusst, dass wir jetzt nicht zusammen
taugen. Ich erschrak auch gleich, ich bekenne es, als Sie meinen Vater
10 verschickten – Herr von Walter, ich vermute, dieser Augenblick wird
uns beiden gleich unerträglich sein – Wenn Sie mir's erlauben wollen,
so geh ich und bitte einige von meinen Bekannten her.

FERDINAND: O ja doch, das tu. Ich will auch gleich gehn und von
den meinigen bitten.

15 LUISE (sieht ihn stutzend an): Herr von Walter?

FERDINAND (sehr hämisch): Bei meiner Ehre! der gescheiteste
Einfall, den ein Mensch in dieser Lage nur haben kann. Wir machen
aus diesem verdrüsslichen Duett eine Lustbarkeit und rächen uns mit
Hilfe gewisser Galanterieen an den Grillen der Liebe.

20 LUISE: Sie sind aufgeräumt, Herr von Walter?

FERDINAND: Ganz außerordentlich, um die Knaben auf dem Markt
hinter mir her zu jagen! Nein! In Wahrheit, Luise. dein Beispiel
bekehrt mich – du sollst meine Lehrerin sein. Toren sind's, die von
ewiger Liebe schwatzen, ewiges Einerlei widersteht, Veränderung nur
25 ist das Salz des Vergnügens – Topp, Luise! Ich bin dabei – Wir
hüpfen von Roman zu Romane, wälzen uns von Schlamme zu
Schlamm – Du dahin – ich dorthin – Vielleicht, dass meine verlorene
Ruhe sich in einem Bordell wieder finden lässt – Vielleicht, dass wir
dann nach dem lustigen Wettlauf, zwei moderende Gerippe, mit der
30 angenehmsten Überraschung von der Welt zum zweiten Mal
aufeinander stoßen, dass wir uns da an dem gemeinschaftlichen
Familienzug, den kein Kind dieser Mutter verleugnet, wie in
Komödien wieder erkennen, dass Ekel und Scham noch eine
Harmonie veranstalten, die der zärtlichsten Liebe unmöglich gewesen
35 ist.

LUISE: O Jüngling! Jüngling! Unglücklich bist du schon; willst du es
auch noch verdienen?

FERDINAND (ergrimmt durch die Zähne murmelnd): Unglücklich
bin ich? Wer hat dir das gesagt? Weib, du bist zu schlecht, und selbst
40 zu empfinden – womit kannst du eines andern Empfindungen wägen?
– Unglücklich, sagte sie? – Ha! dieses Wort könnte meine Wut aus
dem Grabe rufen! Unglücklich musst' ich werden, das wusste sie. Tod
und Verdammnis! das wusste sie und hat mich dennoch verraten –
Siehe, Schlange! Das war der einzige Fleck der Vergebung – Deine
45 Aussage bricht dir den Hals – Bis jetzt konnt' ich deinen Frevel mit
deiner Einfalt beschönigen, in meiner Verachtung wärst du beinahe

meiner Rache entsprungen. (Indem er hastig das Glas ergreift.) Also leichtsinnig warst du nicht – dumm warst du nicht – du warst nur ein Teufel. (Er trinkt.) Die Limonade ist matt wie deine Seele – Versuche!

LUISE: O Himmel! Nicht umsonst hab ich diesen Auftritt gefürchtet.

5 FERDINAND (gebieterisch): Versuche!

LUISE (nimmt das Glas etwas unwillig und trinkt).

FERDINAND (wendet sich, sobald sie das Glas an den Mund setzt, mit einer plötzlichen Erblassung weg und eilt nach dem hintersten Winkel des Zimmers).

10 LUISE: Die Limonade ist gut.

FERDINAND (ohne sich umzukehren, von Schauer geschüttelt): Wohl bekomm's!

LUISE (nachdem sie es niedergesetzt): O wenn Sie wüssten, Walter, wie ungeheuer Sie meine Seele beleidigen.

15 FERDINAND: Hum!

LUISE: Es wird eine Zeit kommen, Walter –

FERDINAND (wieder vorwärts kommend): Oh! mit der Zeit wären wir fertig.

LUISE: Wo der heutige Abend schwer auf Ihr Herz fallen dürfte –

20 FERDINAND (fängt an stärker zu gehen und beunruhigter zu werden, indem er Schärpe und Degen von sich wirft): Gute Nacht, Herrendienst!

LUISE: Mein Gott! Wie wird Ihnen?

FERDINAND: Heiß und enge – Will mir's bequemer machen.

25 LUISE: Trinken Sie! Trinken Sie! Der Trank wird Sie kühlen.

FERDINAND: Das wird er auch ganz gewiss – Die Metze ist gutherzig, doch! das sind alle!

LUISE (mit dem vollen Ausdruck der Liebe ihm in die Arme eilend): Das deiner Luise, Ferdinand?

30 FERDINAND (drückt sie von sich): Fort! Fort! Diese sanften schmelzenden Augen weg! Ich erliege. Komm in deiner ungeheuern Furchtbarkeit, Schlange spring an mir auf, Wurm – krame vor mir deine grässlichen Knoten aus, bäume deine Wirbel zum Himmel – so abscheulich, als dich jemals der Abgrund sah – Nur keinen Engel

35 mehr – nur jetzt keinen Engel mehr – es ist zu spät – Ich muss dich zertreten wie eine Natter, oder verzweifeln – Erbarme dich!

LUISE: Oh! dass es so weit kommen musste!

FERDINAND (sie von der Seite betrachtend): Dieses schöne Werk des himmlischen Bildners – Wer kann das glauben? – Wer sollte das

40 glauben? (Ihre Hand fassend und emporhaltend.) Ich will dich nicht zur Rede stellen, Gott Schöpfer – aber warum denn dein Gift in so

schönen Gefäßen? – – Kann das Laster in diesem milden Himmelstrich fortkommen? – O es ist seltsam.

LUISE: Das anzuhören und schweigen zu müssen!

5 FERDINAND: Und die süße melodische Stimme – Wie kann so viel Wohlklang kommen aus zerrissenen Saiten? (Mit trunkenem Aug auf ihrem Anblick verweilend.) Alles so schön – so voll Ebenmaß – so göttlich vollkommen! – Überall das Werk seiner himmlischen Schäferstunde! Bei Gott! als wäre die große Welt nur entstanden, den Schöpfer für dieses Meisterstück in Laune zu setzen! – – Und nur in
10 der Seele sollte Gott sich vergriffen haben? Ist es möglich, dass diese empörende Missgeburt in die Natur ohne Tadel kam? (Indem er sie schnell verlässt.) Oder sah er einen Engel unter dem Meißel hervorgehen und half diesem Irrtum in der Eile mit einem desto schlechteren Herzen ab?

15 LUISE: O des frevelhaften Eigensinns! Ehe er sich eine Übereilung gestände, greift er lieber den Himmel an.

FERDINAND (stürzt ihr heftig weinend an den Hals): Noch einmal, Luise – Noch einmal, wie am Tag unsers ersten Kusses, da du Ferdinand stammeltest und das erste Du auf deine brennenden Lippen
20 trat – O eine Saat unendlicher, unaussprechlicher Freuden schien in dem Augenblick wie in der Knospe zu liegen – Da lag die Ewigkeit wie ein schöner Maitag vor unsern Augen; goldne Jahrtausende hüpften wie Bräute vor unsrer Seele vorbei – – Da war ich der Glückliche! – O Luise! Luise! Luise! Warum hat du mir das getan?

25 LUISE: Weinen Sie, weinen Sie, Walter. Ihre Wehmut wird gerechter gegen mich sein als Ihre Entrüstung.

FERDINAND: Du betrügst dich. Das sind ihre Tränen nicht – Nicht jener warme wollüstige Tau, der in die Wunde der Seele balsamisch fließt und das starre Rad der Empfindung wieder in Gang bringt. Es
30 sind einzelne – kalte Tropfen – das schauerliche ewige Lebewohl meiner Liebe. (Furchtbar feierlich, indem er die Hand auf ihren Kopf sinken lässt.) Tränen um deine Seele, Luise – Tränen um die Gottheit, die ihres unendlichen Wohlwollens hier verfehlte, die so mutwillig um das herrlichste ihrer Werke kommt – O mich deucht, die ganze
35 Schöpfung sollte den Flor anlegen und über das Beispiel betreten sein, das in ihrer Mitte geschieht – Es ist was Gemeines, dass Menschen fallen und Paradiese verloren werden; aber wenn die Pest unter Engel wütet, so rufe man Trauer aus durch die ganze Natur.

LUISE: Treiben Sie mich nicht aufs Äußerste, Walter. Ich habe
40 Seelenstärke, so gut wie eine – aber sie muss auf eine menschliche Probe kommen. Walter, das Wort noch und dann geschieden – – Ein entsetzliches Schicksal hat die Sprache unsrer Herzen verwirrt. Dürft ich den Mund auftun, Walter, ich könnte dir Dinge sagen – ich könnte – – aber das harte Verhängnis band meine Zunge wie meine Liebe,
45 und dulden muss ich's, wenn du mich wie eine gemeine Metze misshandelst.

FERDINAND: Fühlst du dich wohl, Luise?

LUISE: Wozu diese Frage?

FERDINAND: Sonst sollte mir's leid um dich tun, wenn du mit einer Lüge von hinnen müsstest.

LUISE: Ich beschwöre Sie, Walter –

5 FERDINAND (unter heftigen Bewegungen): Nein! Nein! Zu satanisch wäre diese Rache! Nein, Gott bewahre mich! In jene Welt hinaus will ich's nicht treiben – Luise! Hast du den Marschall geliebt? Du wirst nicht mehr aus diesem Zimmer gehen.

LUISE: Fragen Sie, was Sie wollen. Ich antworte nichts mehr. (Sie
10 setzt sich nieder.)

FERDINAND (ernster): Sorge für deine unsterbliche Seele, Luise! – Hast du den Marschall geliebt? Du wirst nicht mehr aus diesem Zimmer gehen.

LUISE: Ich antworte nichts mehr.

15 FERDINAND (fällt in fürchterlicher Bewegung vor ihr nieder): Luise! Hast du den Marschall geliebt? Ehe dieses Licht noch ausbrennt – stehst du – vor Gott!

LUISE (fährt erschrocken in die Höhe): Jesus! Was ist das? – – – und mir wird sehr übel. (Sie sinkt auf den Sessel zurück.)

20 FERDINAND: Schon? – Über euch Weiber und das ewige Rätsel! Die zärtliche Nerve hält Freveln fest, die die Menschheit an ihren Wurzeln zernagen; ein elender Gran Arsenik wirft sie um –

LUISE: Gift! Gift! O mein Herrgott!

FERDINAND: So fürcht ich. Deine Limonade war in der Hölle
25 gewürzt. Du hast sie dem Tod zugetrunken.

LUISE: Sterben! Sterben! Gott allbarmherziger! Gift in der Limonade und sterben! – O meiner Seele erbarme dich, Gott der Erbarmer!

FERDINAND: Das ist die Hauptsache. Ich bitt ihn auch darum.

LUISE: Und meine Mutter – mein Vater – Heiland der Welt! mein
30 armer, verlorener Vater! Ist keine Rettung mehr? Mein junges Leben und keine Rettung! und muss ich jetzt schon dahin?

FERDINAND: Keine Rettung, musst jetzt schon dahin – aber sei ruhig. Wir machen die Reise zusammen.

LUISE: Ferdinand, auch du! Gift, Ferdinand! Von dir? O Gott, vergiss
35 es ihm – Gott der Gnade, nimm die Sünde von ihm –

FERDINAND: Sieh du nach deinen Rechnungen – Ich fürchte, sie stehen übel.

LUISE: Ferdinand! Ferdinand! – Oh – Nun kann ich nicht mehr schweigen – Der Tod – der Tod hebt alle Eide auf – Ferdinand –
40 Himmel und Erde hat nichts Unglückseligeres als dich! – Ich sterbe unschuldig, Ferdinand.

FERDINAND (erschrocken): Was sagt sie da? – Eine Lüge pflegt man doch sonst nicht auf diese Reise zu nehmen?

LUISE: Ich lüge nicht – lüge nicht – hab nur einmal gelogen mein Leben lang – Hu! wie das eiskalt durch meine Adern schauert – – als ich den Brief schrieb an den Hofmarschall –

FERDINAND: Ha! Dieser Brief! – Gottlob! Jetzt hab ich all meine
5   Mannheit wieder.

LUISE (ihre Zunge wird schwerer, ihre Finger fangen an gichterisch zu zucken): Dieser Brief – Fasse dich, ein entsetzliches Wort zu hören – Meine Hand schrieb, was mein Herz verdammte – dein Vater hat ihn diktiert.

10 FERDINAND (starr und einer Bildsäule gleich, in langer toter Pause hingewurzelt, fällt endlich wie von einem Donnerschlag nieder).

LUISE: O des kläglichen Missverstands – Ferdinand – man zwang mich – vergib – deine Luise hätte den Tod vorgezogen – aber mein Vater – die Gefahr – sie machten es listig.

15 FERDINAND (schrecklich emporgeworfen): Gelobet sei Gott! Noch spür und das Gift nicht. (Er reißt den Degen heraus.)

LUISE (von Schwäche zu Schwäche sinkend): Weh! Was beginnst du? Es ist dein Vater –

FERDINAND (im Ausdruck der unbändigsten Wut): Mörder und
20 Mördervater! – Mit muss er, dass der Richter der Welt nur gegen den Schuldigen rase. (Will hinaus.)

LUISE: Sterbend vergab mein Erlöser – Heil über dich und ihn (Sie stirbt.)

FERDINAND (kehrt schnell um, wird ihre letzte sterbende Bewegung
25 gewahr und fällt in Schmerz aufgelöst vor der Toten nieder): Halt! Halt! Entspringe mir nicht, Engel des Himmels! (Er fasst ihre Hand an und lässt sie schnell wie fallen.) Kalt, kalt und feucht! Ihre Seele ist dahin. (Er springt wieder auf.) Gott meiner Luise! Gnade! Gnade dem verruchtesten der Mörder! Es war ihr letztes Gebet! – – Wie reizend
30 und schön auch ihr Leichnam! Der gerührte Würger ging schonend über diese freundlichen Wangen hin – Diese Sanftmut war keine Larve, sie hat auch dem Tod standgehalten. (Nach einer Pause.) Aber wie? Warum fühl ich nichts? Will die Kraft meiner Jugend mich retten? Undankbare Mühe! Das ist meine Meinung nicht. (Er greift
35 nach dem Glase.)

LETZTE SZENE

Ferdinand: Der Präsident. Wurm und Bediente, welche alle voll Schrecken ins Zimmer stürzen; darauf Miller mit Volk und Gerichtsdienern, welche sich im Hintergrund sammeln.

40 PRÄSIDENT (den Brief in der Hand): Sohn, was ist das? – Ich will doch nimmermehr glauben –

FERDINAND (wirft ihm das Glas vor die Füße): So sieh, Mörder!

83

PRÄSIDENT (taumelt hinter sich. Alle erstarren. Eine schröckhafte Pause.): Mein Sohn! warum hast du mir das getan?

FERDINAND (ohne ihn anzusehen): O ja freilich! Ich hätte den Staatsmann erst hören sollen, ob der Streich auch zu seinen Karten
5 passe? – Fein und bewundernswert, ich gesteh's, war die Finte, den Bund unsrer Herzen zu zerreißen durch Eifersucht – Die Rechnung hatte ein Meister gemacht, aber schade nur, dass die zürnende Liebe dem Draht nicht so gehorsam blieb wie deine hölzerne Puppe.

PRÄSIDENT (sucht mit verdrehten Augen im ganzen Kreise herum):
10 Ist hier niemand, der um einen trostlosen Vater weinte?

MILLER (hinter der Szene rufend): Lasst mich hinein! Um Gottes willen! Lasst mich!

FERDINAND: Das Mädchen ist eine Heilige – für sie muss ein anderer rechten. (Er öffnet Millern die Türe, der mit Volk und
15 Gerichtsdienern hineinstürzt.)

MILLER (in der fürchterlichsten Angst): Mein Kind! Mein Kind! – Gift – Gift, schreit man, sei hier genommen worden – Meine Tochter! Wo bist du?

FERDINAND (führt ihn zwischen den Präsident und Luisens Leiche):
20 Ich bin unschuldig – Danke Diesem hier.

MILLER (fällt an ihr zu Boden): O Jesus!

FERDINAND: In wenig Worten, Vater – Sie fangen an mir kostbar zu werden – Ich bin bübisch um mein Leben bestohlen, bestohlen durch Sie. Wie ich mit Gott stehe, zittre ich – doch ein Bösewicht bin ich
25 niemals gewesen. Mein ewiges Los falle, wie es will – auf Sie fall es nicht – Aber ich hab einen Mord begangen, (mit furchtbar erhobener Stimme) einen Mord, den du mir nicht zumuten wirst, allein vor den Richter der Welt hinzuschleppen; feierlich wälz ich dir hier die größte grässlichste Hälfte zu, wie du damit zurecht kommen magst, siehe du
30 selber! (Ihn zu Luisen hinführend.) Hier, Barbar! Weide dich an der entsetzlichen Frucht deines Witzes, auf dieses Gesicht ist mit Verzerrungen dein Name geschrieben, und die Würgengel werden ihn lesen – Eine Gestalt wie diese ziehe den Vorhang von deinem Bette, wenn du schläfst, und gebe dir ihre eiskalte Hand – Eine Gestalt wie
35 diese stehe vor deiner Seele, wenn du stirbst, und dränge dein letztes Gebet weg – Eine Gestalt wie diese stehe auf deinem Grabe, wenn du auferstehst – und neben Gott, wenn er dich richtet. (Er wird ohnmächtig. Bediente halten ihn.)

PRÄSIDENT (eine schreckliche Bewegung des Arms gegen den
40 Himmel): Von mir nicht, von mir nicht, Richter der Welt, fordre diese Seelen von diesem! (Er geht auf Wurm zu.)

WURM (auffahrend): Von mir?

PRÄSIDENT: Verfluchter, von dir! Von dir, Satan! – Du, du gabst den Schlangenrat – Über dich die Verantwortung – ich wasche die
45 Hände.

Fünfter Akt, Letzte Szene

WURM: Über mich? (Er fängt grässlich an zu lachen.) Lustig! Lustig! So weiß ich doch nun auch, auf was Art sich die Teufel danken. – Über mich, dummer Bösewicht? War es mein Sohn? War ich dein Gebieter? – Über mich die Verantwortung? Ha! bei diesem Anblick,
5 der alles Mark in meinen Gebeinen erkältet! Über mich soll sie kommen! – Jetzt will ich verloren sein, aber du sollst es mit mir sein – Auf! Auf! Ruft Mord durch die Gassen! Weckt die Justiz auf! Gerichtsdiener, bindet mich! Führt mich von hinnen! Ich will Geheimnisse aufdecken, dass denen, die sie hören, die Haut schauern
10 soll. (Will gehen.)

PRÄSIDENT (hält ihn): Du wirst doch nicht, Rasender?

WURM (klopft ihn auf die Schulter): Ich werde, Kamerad! Ich werde – Rasend bin ich, das ist wahr – das ist dein Werk – so will ich auch jetzt handeln wie ein Rasender – Arm in Arm mit dir zum Blutgerüst!
15 Arm in Arm mit dir zur Hölle! Es soll mich kitzeln, Bube, mit dir verdammt zu sein! (Er wird abgeführt.)

MILLER (der die ganze Zeit über, den Kopf in Luisens Schoß gesunken, in stummem Schmerz gelegen hat, steht schnell auf und wirft dem Major die Börse vor die Füße): Giftmischer! Behalt dein
20 verfluchtes Gold! – wolltest du mir mein Kind damit abkaufen? (Er stürzt aus dem Zimmer.)

FERDINAND (mit brechender Stimme): Geht ihm nach! Er verzweifelt – Das Geld hier soll man ihm retten – Es ist meine fürchterliche Erkenntlichkeit. Luise – Luise – Ich komme – – Lebt
25 wohl – – Lasst mich an diesem Altar verscheiden –

PRÄSIDENT (aus einer dumpfen Betäubung, zu seinem Sohn): Sohn Ferdinand! Soll kein Blick mehr auf einen zerschmetterten Vater fallen?

(Der Major wird neben Luisen niedergelassen.)

30 FERDINAND: Gott dem Erbarmenden gehört dieser letzte.

PRÄSIDENT (in der schrecklichsten Qual vor ihm niederfallend): Geschöpf und Schöpfer verlassen mich – Soll kein Blick mehr zu meiner letzten Erquickung fallen?

FERDINAND (reicht ihm seine sterbende Hand).

35 PRÄSIDENT (steht schnell auf): Er vergab mir! (Zu den Andern.) Jetzt euer Gefangener! (Er geht ab, Gerichtsdiener folgen ihm, der Vorhang fällt.)

85